Richard Kralik von Meyrswalden
Die Befreiungskriege 1813

Festschrift zur Jahrhundertfeier

Richard Kralik von Meyrswalden

Die Befreiungskriege 1813

Festschrift zur Jahrhundertfeier

ISBN/EAN: 9783955640453

Auflage: 1

Erscheinungsjahr: 2013

Erscheinungsort: Bremen, Deutschland

@ EHV-History in Access Verlag GmbH, Fahrenheitstr. 1, 28359 Bremen. Alle Rechte beim Verlag und bei den jeweiligen Lizenzgebern.

Auf dieser Karte fällt besonders lehrreich der Unterschied der Reichsgrenzen vor und nach dem Befreiungskrieg 1813 in die Augen. Die Befreiungskämpfe haben Tirol, Salzburg, das Innviertel, große Teile von Kärnten, Krain, Kroatien, Dalmatien und das Küstenland zurückgewonnen. Westgalizien kam infolge der dritten Teilung Polens vorübergehend an Österreich.

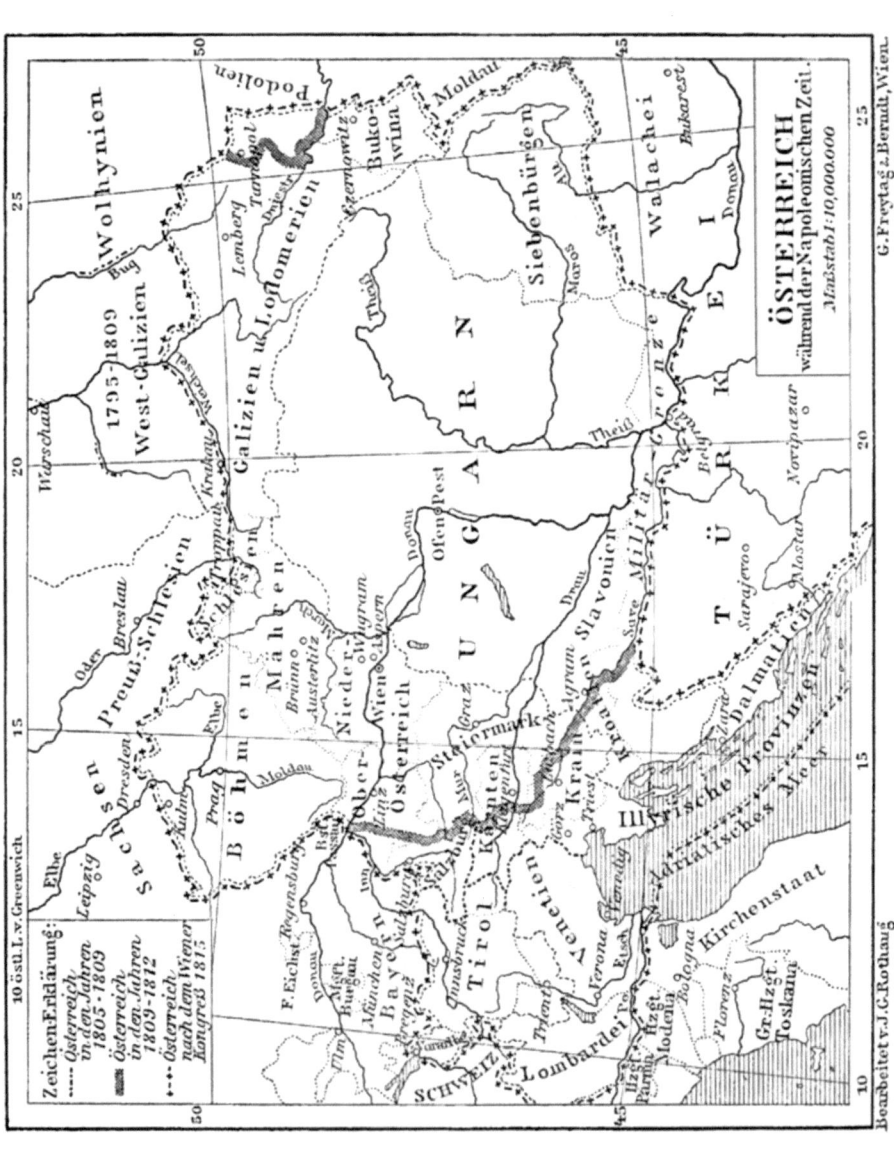

Die Befreiungskriege.

Festschrift der Gemeinde Wien.

Die Befreiungskriege 1813.

Festschrift zur Jahrhundertfeier.

Von der Gemeinde Wien ihrer Jugend dargeboten.

Verfaßt von Richard Krulik.

Gerlach & Wiedling, Buch- und Kunstverlag, Wien.

Bürgermeister Stephan Wohlleben.

Stephan von Wohlleben stand als Bürgermeister an der Spitze der Wiener Gemeinde während der Befreiungskriege. 1751 geboren, wurde er 1804 der Nachfolger Hörls und starb 1823.

Die österreichische Kaiserkrone.

Widmung an die Kinder Wiens.

Die Gemeinde Wien gibt euch, liebe Kinder Wiens, dieses Buch in die Hand. Es ist ein Ehrenbuch eurer Heimat. Es kündet von ruhmeswerten Taten eurer Voreltern, eurer Vorfahren vor hundert Jahren. Es kündet von beispielloser Tapferkeit, unvergleichlicher Treue zur österreichischen Heimat, zum lieben Vaterland, zur teuren Mutterstadt, für Haus und Herd, für Recht und Pflicht, für Kaiser und Reich, für Gott und für deutsches Volkstum, deutsche Art. Es waren unerhörte Leiden, die eure Urgroßväter erduldet, unerhörte Opfer, die sie hingegeben haben; sie haben im vollsten Sinne ihr Gut und Blut ohne Schonung eingesetzt, aber sie haben damit auch unerhörte Triumphe errungen.

Dies Ehrenbuch eurer Heimat sollt ihr Reiferen, deren junger Sinn schon zum Bewußtsein solchen Ruhmes erwacht ist, selber lesen mit frohem Stolz, daß alles das, wovon hier gehandelt wird, euer bestes Eigentum ist. Ihr andern, Kleineren, die ihr zu solchem Bewußtsein noch nicht reif seid, ihr sollt dies Büchlein mit seinen schönen Bildern euren Eltern und Verwandten überreichen, damit auch diese aus den Großtaten der Ahnen Mut und Zuversicht schöpfen zu eigenen Taten, wenn solche das Geschick von ihnen verlangen sollte; und bittet sie, daß sie euch dies Ehren=
büchlein erklären, vorlesen oder es bis zu reiferer Zeit für euch aufheben als bleibendes Angedenken an die Jahr=
hundertfeier jener Heldentaten. Wien schickt euch, liebe Kin=
der, als Boten, als Herolde, als Engel der Heimat aus, an alle Volksgenossen, an alle Familien Wiens, sie zur schönsten Feier zu laden, zur Feier ihres eigenen Wertes, und sie aufzurufen zu einem Leben, wür=
dig ihrer großen Heimat, würdig ihrer herrlichen Ahnen.

Die deutsche Reichskrone auf der Wiener Hofburg.

Einleitung.

O teures Wien, welche Mühen, Sorgen, Ängsten, Leiden hattest du vor hundert Jahren zu erdulden! In Frieden und Freude liegst du heute da, prangend in neuem Schmuck, glänzend in der Zier deiner Prachtbauten und Denkmäler! Damals warst du nach furchtbaren Kriegen, nach zweimaliger Eroberung durch den Feind fast eine der Wehr beraubte Trümmerstätte. Napoleon, der Franzosenherrscher, hatte dich zweimal in übergewaltigen Kriegszügen erobert, einmal (1805) hast du dich ihm ohne Widerstand ergeben müssen; das zweitemal (1809) haben nur Napoleons Kanonen die Mauern und Wälle der Stadt und die Herzen ihrer tapferen Verteidiger brechen können.

O teures Österreich, was hat damals Wien für dich, was hast du selber gelitten! Vierundzwanzig Jahre, voll von fast unausgesetzten Kriegen und Kriegsrüstungen, haben dich, Österreich, bis ins Innerste und Tiefste erschüttert. Aber wie wunderbar! Gerade diese schier unerträgliche Not, dies vergossene Blut, diese hingeopferten

Güter haben erst dich, Österreich, zum ruhmvollsten Kaisertum erwachsen lassen, haben alle Stände und alle Völker des Vaterlandes zusammengeschmolzen in furchtbarstem Leid, aber auch in höchster Begeisterung.

O Wien und Österreich, Austria und Vindobona! Zwei untrennbare Schwestern von alters her! Beide zu Höchstem bestimmt! Von der einen gilt der Wahrspruch des Kaisers Friedrich III.: AEIOU: Aller Ehren ist Österreich voll; von der andern das Wahrwort des Volkes: Es gibt nur eine Kaiserstadt, es gibt nur ein Wien!

Vindobona, du Stadt der alten, großen, römischen Kaiser! Du erste Stadt deutscher Bildung, Stadt des deutschen Nibelungenlieds, Stadt Walters von der Vogelweide, Hauptstadt deutscher Musik, Stadt der Meister Gluck, Haydn, Mozart, Beethoven, Schubert, was hat sich an tüchtiger Arbeit seit Jahrhunderten vorbereitet, daß du so stark wurdest, dem Umsturz der Revolutionskriege zu widerstehen und siegreich daraus hervorzugehen als erste Stadt der Welt!

Und du Austria, als deutsche Ostmark gegründet von Kaiser Karl dem Großen, du Ruhmesfeld der Babenberger und Habsburger, was hat dich so mächtig und unüberwindlich gemacht, daß du den größten Eroberer der Welt in sein Nichts zurückschleudern konntest?

Es war Heimatliebe, Bürgertugend, Treue und Beharrlichkeit, fester Glaube an die eigene Sendung, Selbstbewußtsein und Zuversicht in eine Zukunft, die verdient und erworben, erstritten und erarbeitet werden muß.

Bürger und Krieger, Kaiser und Feldherren, Männer des Geistes, der Kunst und der Wissenschaft haben Wiens und Österreichs Glanz begründet. Die großen Kaiser Maximilian I. und Ferdinand I. haben ein Gesamtösterreich vorbereitet und Wien zu dessen Hauptstadt gemacht. Ein Ferdinand II. hat die Einheit des Reiches gewahrt, ein Leopold I. durch Starhemberg und den Prinzen Eugen die Stadt gegen die Türken verteidigt, das Reich bis an den äußersten Osten ausgedehnt. Da haben sich nach solchen Erfolgen unter Karl VI. die verschiedenen Völker und Länder des Reiches in einer „Pragmatischen Sanktion" zusammengeschlossen. Die große Kaiserin Maria Theresia und ihr Sohn Josef II., „der Einzige",

Ansicht von Wien zu Anfang des XIX. Jahrhunderts.

So sah Wien vor 100 Jahren aus, bis an die Linienwälle umgeben von Feld und Heide, die Straßen von Fuhrwagen und Reisekutschen belebt. Keine Eisenbahnen. Nur die Türme und Kuppeln der Kirchen und die Linien des Kahlengebirges sind dieselben geblieben.

haben die Einheit und die Stärke dieser ganzen Monarchie zum höchsten Ziel ihres Strebens gemacht.

Da, fast gleichzeitig mit dem Tode des Kaisers Josef, tritt der Weiterentwicklung Österreichs ein feindliches Schicksal entgegen: die französische Revolution und bald darauf der Sohn dieser Revolution, Napoleon Bonaparte. In vierundzwanzigjährigem Ringen auf den Schlachtfeldern (1792 bis 1815) hatte sich nun Österreich zu bewähren und zu erproben, zu stählen und durchzuringen. Das ist ihm denn auch endlich gelungen. Diese vierundzwanzig Jahre bilden zusammen ein spannendes weltgeschichtliches Schauspiel, das endlich mit dem höchsten Triumph Österreichs in den Befreiungskämpfen des Jahres 1813, in der zweimaligen Eroberung von Paris, 1814 und 1815, und im Kongreß zu Wien gipfelt. Aber dieser Triumph war durch lange leidvolle Arbeit vorbereitet: durch wiederholte Versuche der Befreiung voll von Begeisterung, aber mit noch nicht endgültigen Erfolgen.

Diese glorreichen Vorspiele der endlichen Befreiung und Bewährung ziehen zuerst vor unserm Geist vorüber und lehren uns, daß nur Beharrlichkeit, die alle Schwierigkeiten immer wieder und wieder überwindet, zum Ziele führt und dem Kämpfer und Ringer die verdiente Siegeskrone reicht.

Von der Wiener Hofburg.

Von der Wiener Hofburg.

Das Jahr des Wiener Aufgebots und der österreichischen Volkshymne 1797.

Österreich hatte den ihm aufgedrungenen Krieg gegen das revolutionäre Frankreich an der Seite Preußens, seines Bundesgenossen, im Jahr 1792 begonnen. Als aber Preußen im Jahr 1795 den Bund eigenmächtig aufgab und einen Sonderfrieden mit Frankreich schloß, da konnten die Revolutionsheere über das vereinsamte Österreich herfallen. Napoleon Bonaparte, als Feldherr der Republik, rückte von Italien her bis fast an den Fuß des Semmering, bis Leoben. In dieser Not erließ der Kaiser Franz ein Allgemeines Aufgebot zu den Waffen. Der Aufruf wurde an allen Toren Wiens, an allen Kirchen, auf Plätzen und an Straßenecken angeschlagen. Es hieß darin, der Kaiser erwarte, daß die biederen Einwohner Wiens nicht weniger Mut und Treue beweisen werden als ihre ruhmvollen Voreltern, welche unter Ferdinand I. (1529) und Leopold I. (1683) auf den Wällen von Wien für Religion, Fürst, Vaterland und Ehre siegreich gefochten haben. Der Kaiser versprach den Hausbesitzern für jede bei der Verteidigung entstehende Beschädigung vollen Ersatz aus seinem Privatvermögen. Die Studenten trugen ein schwarzgelbes Band im Knopfloch mit dem Spruch: Alles für Kaiser und Vaterland. Man

Kaiser Franz I. von Österreich; als Römisch-
Deutscher Kaiser Franz II. 1792—1835.
Sohn Kaiser Leopolds II., Neffe Kaiser
Josefs II. Seine erste Gemahlin war Elisa-
beth von Württemberg, die zweite Marie
Therese von Sizilien, die Mutter Marie
Louisens, Kaiser Ferdinands und Franz
Karls, des Vaters unseres gegenwärtigen
Kaisers Franz Josef I.

Maria Ludowika, dritte Gemahlin Franz' I.

holte die ruhmreichen Fahnen aus der Zeit der letzten Türkenbelagerung hervor. Denn damals im Jahr 1683 hatten Wiener Helden, Bürger und Studenten die Stadt gegen Kara Mustafas Heere siegreich verteidigt. Der Fahneneid des Aufgebots besagte, man wolle mit edlem deutschen Mute also streiten, wie es Männern ansteht, die für die gerechte Sache, für ihres Kaisers Majestät und für die Rettung des Vaterlandes freiwillig die Waffen ergriffen haben. Begeistert stellten die Bürger sich selbst, ihre Söhne, Gesellen und Diener dem Vaterlande zur Verfügung. Manche Zünfte, wie die der Tischler, schworen einen eigenen Eid, nicht voneinander zu weichen und jeden Feigen auszustoßen. Die Geldbeiträge waren so groß, daß der Überrest noch im folgenden Jahr zur Stadtverschönerung verwendet werden konnte. Die Kaiserin selber hatte die Fahnenbänder für die neuen Fahnen gestickt. Hohe Adelige, wie der Herzog von Württemberg, ließen sich als Freiwillige einschreiben. Die Begeisterung war so groß, daß niemand zu Hause bleiben wollte. Vom Abzug des wienerischen Aufgebots, nach der feierlichen Fahnenweihe, heißt es in einem Gedicht:

Zieht hin, mit Gottes Segen hin!
Schrie alles ihnen nach.
Gott, dacht' ich, es gibt nur ein Wien
Und eine gute Sach'!
O, es gibt nur ein Österreich,
Und prahlten andre Völker gleich.

Wien war nämlich damals die Hauptstadt des Deutschen Reiches. Des zum Zeichen und zum bleibenden Gedächtnis prangt noch heute über dem vom Kaiser bewohnten Trakt der Wiener Hofburg die deutsche Reichskrone seit der Zeit Karls VI. — Der große Musiker Beethoven vertonte auch einen schönen Abschiedsgesang an Wiens Bürger beim Auszug der Wiener Freiwilligen:

Keine Klage soll erschallen,
Wenn von hier die Fahne zieht,
Tränen keinem Aug' entfallen,
Das im Scheiden nach ihr sieht.
Es ist Stolz auf diese Zierde
Und Gefühl der Bürgerwürde,
Was auf aller Wangen glüht.

Beethoven sang auch noch dieses „Kriegslied" der Österreicher:

Ein großes deutsches Volk sind wir,
Sind mächtig und gerecht.
Ihr Franken, das bezweifelt ihr?
Ihr Franken kennt uns schlecht.

Und aus demselben Jahre stammt die Krone aller vaterländischen Lieder, das Kaiserlied Josef Haydns, des berühmten Tonsetzers:

Gott! erhalte Franz den Kaiser,
Unsern guten Kaiser Franz!
Lange lebe Franz der Kaiser
In des Glückes hellstem Glanz!
Ihm erblühen Lorbeerreiser,
Wo er geht, zum Ehrenkranz. —
Froh erleb' er seiner Lande,
Seiner Völker höchsten Flor,
Seh' sie, eins durch Bruderbande,
Ragen allen andern vor
Und vernehme noch am Rande
Später Gruft der Enkel Chor:
Gott! erhalte Franz den Kaiser,
Unsern guten Kaiser Franz!

Der schlichte Text dieser Volkshymne ist von Lorenz Leopold Haschka, dem damals berühmten Odendichter, einem Jünger Klopstocks.

Es ist kaum auszusprechen, welche ungemeine Begeisterung dies Kaiserlied in allen Ländern des Reiches entzündete. Diese Volkshymne, die noch heute nach verändertem Text immer neu begeisternd und rührend erklingt, hat damals die österreichischen Heere ins Feld, in die Schlacht geführt, sie hat die treuen Österreicher in Sieg und Niederlage gestärkt, sie alle Mühen und Leiden überwinden lassen. Diese Volkshymne ist dann nach den siegreichen Befreiungskämpfen mit den triumphierenden Heeren zweimal in das eroberte Paris eingezogen. Wenn auch heute diese unsterbliche Weise die Sänger und Hörer bei vaterländischen Festen zu flammender Begeisterung, ja bis zu Tränen der Rührung ergreifen kann, so kommt das wohl daher, daß sie in der Zeit des höchsten Ringens um den Bestand Österreichs entstanden ist. Alles, was damals Wien und Österreich gefühlt, gelitten, gewagt, gewollt und erstritten hat, das lebt noch in diesen Klängen. Es ist die Volkshymne der Befreiungskämpfe Österreichs. Ganz Österreich, die Treue seiner Bewohner, ihre Opferwilligkeit jubelt und betet in dieser Weise; sie erhebt sich in höchstem Aufschwung zu Gott und spendet himmlische Zuversicht aus.

Der berühmte Wiener Dichter Michael Denis, der würdige Patriarch der österreichischen Poesie, sagt am Schluß dieses Jahres 1797: „Das blutige Kriegsspiel ist ausgespielt. Die letzten, unseren Waffen so rühmlichen Vorfälle und der von allen Seiten bedrohte Feind haben den Frieden herbeigeführt. Von jeher fest entschlossen, mit euch, teuerste Landsleute, wahre Deutsche, Wohl und Wehe zu teilen, fühle ich in diesen Augenblicken das ganze Glück, den ganzen Ruhm, ein Österreicher zu sein. Wir brauchen uns dabei nichts von Griechen und Römern vorzuschwätzen. Es hat keiner Übertreibung, keines Prahlens not. Hat sich Gemeingeist wohl jemals in hellerem Lichte gezeigt? Welche Denkmale der entflammtesten Vaterlandsliebe! Mit welchem edlen Wetteifer drängten sich zu ihrem Altare Geistlichkeit, Adel, Beamte, Handelsstand, Private, Gewerbsleute aller Art bis zum letzten Landmanne, um mit vollen Herzen ihre Gaben darauf zu legen! Geschenke an Geld, Silbergerät, Getreide, Pferden, Kriegsbedürfnissen in jedem Sinne, Errichtung und fortdauernde Unterhaltung eines beträchtlichen Freikorps, nicht angenommene oder

Josef Haydn.

zurückgestellte Staatsschuldscheine, Zurücklassungen namhafter Besoldungen, ausgeschlagene Bezahlungen gelieferter Arbeiten, unaufgefordert angestellte Sammlungen, unentgeltlich verteilte Predigten, Gedichte, Ermunterungsschriften, Tonstücke, unentgeltlich unternommene männliche und weibliche Arbeiten zu dem Behufe unserer Krieger, freiwillige Unterstützungen ihrer Witwen und Waisen. Welch ein Buch müßte dieses werden, teuerste Landsleute, das nur allein die Namen derjenigen enthalten sollte, welche sich in allen oder in mehreren dieser Fächer ausgezeichnet haben! Gattinnen hielten ihre Männer, Mütter ihre Söhne nicht auf. Väter zeigten ihren Kindern

Ludwig van Beethoven.

den Gebrauch der Waffen. Der Adel sandte seine ansehnliche Dienerschaft, um sie unter die Freiwilligen einzeichnen zu lassen, sandte seine besten Reitpferde für Adjutanten und Befehlträger, sandte seine herrlichen Zugpferde, um die Sturmpfähle aus den Wäldern herbeizuführen. Die Bürgerschaft unter ihrem patriotischen Bürgermeister und Magistrate eiferte, den Ruhm ihrer Väter in den Jahren 1529, 1619, 1683 und 1741 zu übertreffen. Im Jahre 1684 kam zum ersten Male ein Buch heraus unter dem Titel: ‚Österreich über alles, wenn es nur will.‘ Lasset uns, teuerste Landsleute, im Jahre 1797 mit gegründeter Zuversicht sagen: Und es hat gewollt!"

Das Aufgebot des Jahres 1800.

Das Jahresfest des ersten Aufgebotes wurde im nächsten Jahr, im April 1798, mit neuer Begeisterung, mit Genugtuung über den erkämpften Frieden (von Leoben) gefeiert. Dabei sang man:

Noch sind wir Österreicher; noch
Belastet uns kein fremdes Joch.
Noch unerschüttert, ungeschwächt

Steht Glaub' und Sitte, Macht und Recht.
Noch herrschet unser Vater Franz
In Habsburgs angestammtem Glanz.

Die Stimmung dieses Festes wurde aber durch neue Unruhen gestört. Bernadotte, der Gesandte der französischen Republik, hatte die französische Trikolore auf dem Balkon seines Hauses in der Wallnerstraße ausgesteckt. (Es ist das Haus, in dem sich nun das niederösterreichische Landesmuseum befindet.) Dies betrachteten die Wiener als kecke Herausforderung und rissen die Fahne herab. Aus solchen und anderen Mißhelligkeiten ergab sich bald ein neuer Krieg im Jahre 1799. Da trat Rußland an Österreichs Seite und der russische Feldherr Suworow zog in das wiedereroberte Mailand ein, indem er diesen Aufruf erließ: „Die siegreiche Armee des Römisch-Apostolischen Kaisers (Franz) ist hier. Sie streitet einzig für die Wiederherstellung der heiligen Religion, des Priestertums, des Adels

Wiener Aufgebot 1797.

Das Bild ist bezeichnend für den allegorischen Geist der Zeit. Ein Genius streut Siegeskränze aus. Die Krieger sind um eine Büste des Kaisers Franz, der römisch gekleidet ist, leidenschaftlich gruppiert. Ihre Uniformen sind sehr charakteristisch: Studierende, Handelsstand, akademische Künstler, landständisches Korps.

und der alten Regierung. Völker, vereinigt euch mit uns für Gott und den Glauben!" Aber Napoleon Bonaparte kehrte rasch von Ägypten zurück, wohin ihn seine Abenteuerlust getrieben hatte. Er siegte und die Franzosen kamen im Dezember 1800 wieder von der oberen Donau her in die Nähe Wiens.

Wieder erließ Erzherzog Karl das Allgemeine Aufgebot. Es bildeten sich neue Legionen von Freiwilligen und dazu noch die „Generalinsurrektion des Adels im getreuen Königreiche Hungarn". Linien und Wälle um Wien wurden wiederhergestellt. Im Aufruf zum Allgemeinen Aufgebot hieß es: „Völker der österreichischen Monarchie, ihr lebt immer unter der glücklichsten und mildesten Regierung. Ganz Europa stimmt damit überein. Eure Anhänglichkeit an Religion, Landesfürsten und Vaterland, eure Sittlichkeit, euer Mut und Tapferkeit in allen so häufigen Kriegen war immer ein Erbteil und anderen zum Beispiele und zur Nachahmung, wenn auch das Kriegsglück für jeden Staat, für jedes Volk abwechselnd ist. Es liegt in der Natur menschlicher Begebenheiten. Aber die Tugenden eines Volkes, den Mut, die Treue und die Anhänglichkeit an den Monarchen, den Staat und die Religion — das größte Gut und Trost der Menschen — kann nichts so abändern oder niederdrücken, daß man sich nicht wieder aufrichtet und allem kaltblütig darstellt."

Österreich schloß zum zweitenmal Frieden mit Napoleon Bonaparte, der als erster Konsul die französische Republik beherrschte. Erfreut über die neue Ruhezeit sang man damals das Volkslied:

Lustig hört man auf den Straßen
Uns jetzt auf dem Posthorn blasen:
Vivat! Es leb' Öst'reichs Haus!
Blasen wir den Frieden aus!

Der Friede wurde nämlich durch Postillione verkündet. Und eine Jungfrau singt:

Artillerie-Stabs- und Oberoffizier.

Seht, ich bind' für Franz den Kaiser
Lorbeerkränz' und Friedensreiser,
Und viel Blumen mancher Art
Für das Haupt des Bonapart'.

Wer's nicht sieht, der kann's nicht glauben,   Selbst der Hahn und Adler küßt,
Daß sich wie zwei Turteltauben   Weil es Friede worden ist.

Der Hahn ist das Sinnbild Frankreichs, der Adler das Wappentier Österreichs.

Josef Georg Hörl.

Franz Graf Saurau.

Neben dem Bürgermeister Hörl gebührt vor allem dem Regierungspräsidenten Graf Franz Josef von Saurau das Hauptverdienst an der Organisation der Verteidigungsanstalten in Wien.

Medaille auf die Erhebung Österreichs zum Kaisertum.

Das neue Kaisertum Österreich und die Dreikaiserschlacht 1804 und 1805.

Bis zum Jahr 1804 gab es keinen eigentlichen Namen für die Gesamtheit der Länder, die unter dem Zepter Habsburgs standen. Der Name Österreich galt im strengen Sinn des Wortes nur für die beiden Erzherzogtümer Österreich ob und unter der Enns. Diese Länder waren die Stammlande der großen Monarchie und so ging der Name Österreich oder Haus Österreich auf das Haus Habsburg über und auf alle Länder der habsburgischen Monarchie. Aber diese Monarchie war bisher staatsrechtlich weder ein Königtum noch ein Kaisertum, trotz ihrer Größe. Die Herrscher der Monarchie hießen nur deshalb Kaiser, weil sie seit Jahrhunderten zugleich Kaiser des Römisch-Deutschen Kaisertums waren. Aber jeder Kaiser mußte erst von den deutschen Kurfürsten gewählt werden, ehe er diesen Titel annehmen konnte. Die Folge der Revolutionskriege war nun der Zerfall des alten Römisch-Deutschen Reiches. Kaiser Franz rettete, was zu retten war, indem er die römische Kaiserkrone auf seine Monarchie übergehen ließ und diese von nun an zum Kaisertum Österreich machte, sich selbst zum Kaiser von Österreich erklärte. Die alte römische Kaiserkrone wurde nunmehr die österreichische Kaiserkrone. Das verhielt sich nämlich also. Der von den Kurfürsten Gewählte wurde zuerst zu Frankfurt mit der deutschen Königskrone gekrönt. Die römische Kaiserkrone wurde ihm dann zu Rom vom Papst aufs Haupt gesetzt. Da aber schon seit Jahrhunderten kein deutscher König zu diesem Zweck nach Rom gezogen war, nannten sich die deutschen Könige schon seit ihrer Wahl „erwählte römische Kaiser" und Kaiser Rudolf II. ließ sich dann nach dem Vorbild älterer römischer Kaiserkronen jene Krone machen (1602), die nun die österreichische Kaiserkrone wurde. Dies ist sehr wichtig; denn also wurde das neue Kaisertum Österreich als Nachfolge des römischen Kaisertums erklärt. Und es ist sehr bedeutsam, daß sich gerade in diesen Jahren der äußersten Not, in Kriegswirren und Erschütterungen des ganzen öffentlichen Lebens die Feststellung der Monarchie als einer Einheit ergab. Nur in Not und Gefahr bewährt sich das echte Leben.

Mit großen Feierlichkeiten wurde diese wichtige Staatshandlung zu Wien eingeleitet. Das kaiserliche Patent wurde unter Pauken- und Trompetenschall und Paradierung der uniformierten Bürger, unter klingendem Spiel, von prächtigen weiß-roten Tribünen herab auf den Hauptplätzen der Stadt und der Vorstädte öffentlich kundgemacht. Kaiser Franz wurde als zweiter Stifter des Erzhauses beglückwünscht, der zum Trotz der beschwerlichsten Zeitverhältnisse Wien und Österreich mit neuem Glanz geschmückt habe. Ein Hochamt mit Tedeum wurde im Stephansdom abgehalten. Eine Denkmünze wurde verteilt.

Um diese Zeit trat an die Stelle des Bürgermeisters Hörl, der das Amt 52 Jahre lang bekleidet hatte, der neue Bürgermeister Wohlleben.

Bald brach aber wieder ein neuer, dritter Krieg aus; denn Napoleon, seit 1804 Kaiser der Franzosen, wollte die Friedensbedingungen nicht einhalten. Wieder konnte sich die patriotische Opferwilligkeit der Wiener und aller Österreicher zeigen. Der Kaiser hatte in dem Patent, das den Krieg anzeigte, erklärt: „Fest ist unsere Zuversicht, daß unsere lieben, getreuen Untertanen uns in diesem, einzig auf ihr wahres Beste hingerichteten Unternehmen aus allen Kräften unterstützen und dadurch jenen glücklichen Zustand herzustellen sich bestreben werden, der von jeher unser erstes Augenmerk und der innigste Wunsch unseres

Das Allgemeine Wiener Aufgebot auf dem Glacis am 17. April 1797.

Herzens war. Infolgedessen erwarten wir von unsern getreuen Ständen und Untertanen, daß sie nicht nur die Klassensteuer gewissenhaft entrichten, sondern sich nicht minder willfährig erzeugen werden, zur Erleichterung der Verpflegung unserer Armeen Naturalbeiträge abzuliefern." Die kaiserlichen Worte dieses Aufrufs fanden Widerhall im ganzen Reich. Der Wiener Bürgermiliz wurde die Bewachung Wiens übertragen.

In einer andern Proklamation klagt Kaiser Franz also den Imperator Frankreichs an: „Die schöneren Früchte der erhöhten Kultur, jedes Glück der Völker, welches aus dem Frieden und der Eintracht hervorgeht, alles, was auch ihm als Beherrscher eines großen zivilisierten Volkes ehrwürdig und teuer sein muß, soll durch Eroberungskriege zerstört und so der größere Teil Europas gezwungen werden, Frankreichs Gesetzen und Winken zu huldigen. Offen lagen seine Absichten da und keine Wahl blieb übrig zwischen Krieg und wehrloser allmählicher Unterjochung. Mag Trunkenheit des Glückes oder ein unseliger und ungerechter Geist der Rache den Feind beherrschen! Ruhig und fest stehe ich im Kreise von 25 Millionen Menschen, die meinem Herzen und meinem Hause teuer sind. Ich habe Rechte auf ihre Liebe, denn ich will ihr Glück. Ich habe Rechte auf ihre Mithilfe, denn was sie für den Thron wagen, wagen sie für sich selbst, für ihre Familien, für ihre Nachkommen, für ihr Glück und ihre Ruhe; sie wagen es für die Erhaltung alles dessen, was ihnen heilig und teuer ist. Mit Stärke erhob sich die österreichische Monarchie aus jedem Sturme, welcher in den letzten Jahrhunderten ihr drohte. Ihre innere Kraft ist noch unversiegt. Noch lebt in den Herzen der guten und biedern Menschen, für deren Glück und Ruhe ich kämpfe, der alte vaterländische Geist, der bereit ist zu jeder Tat und jedem Opfer, um zu retten, was gerettet werden muß: Thron und Unabhängigkeit, Nationalehre und Nationalglück."

Wie diese Worte in den Herzen der Wiener wiederhallten, ersieht man aus dem Aufruf Gerambs zur Errichtung eines Freikorps der österreichischen Kaiserin. Er sagt darin: „Gern und freudig werde ich dafür aufopfern, was ich vermag. Um der Gefahr entgegenzugehen, entreiße ich mich den Armen einer geliebten Gattin und sechs unmündigen Kindern. Meine Pflichten gegen sie sind mir heilig, heiliger aber noch die Pflichten gegen Kaiser und Vaterland; denn ich war eher Bürger, als ich Gatte und Vater war. Das Glück der Meinigen sichere ich, indem ich den Feind bekämpfe; und sollte ich in diesem Kampfe fallen, so wird das Andenken an mich der Stolz meiner Kinder sein. Unsere Enkel und Urenkel werden mit dankbarer Bewunderung sich der jetzigen Generation erinnern, die durch ungebeugte Kraft, Eintracht und Nationalgeist sich in dem ungünstigsten Zeitpunkte dem Feinde mutvoll entgegenstemmte und die Freiheit Österreichs und Europas miterkämpfen half." — Ja, so soll es auch wirklich sein! Man sieht, daß man schon damals den Kampf als einen Befreiungskampf auffaßte.

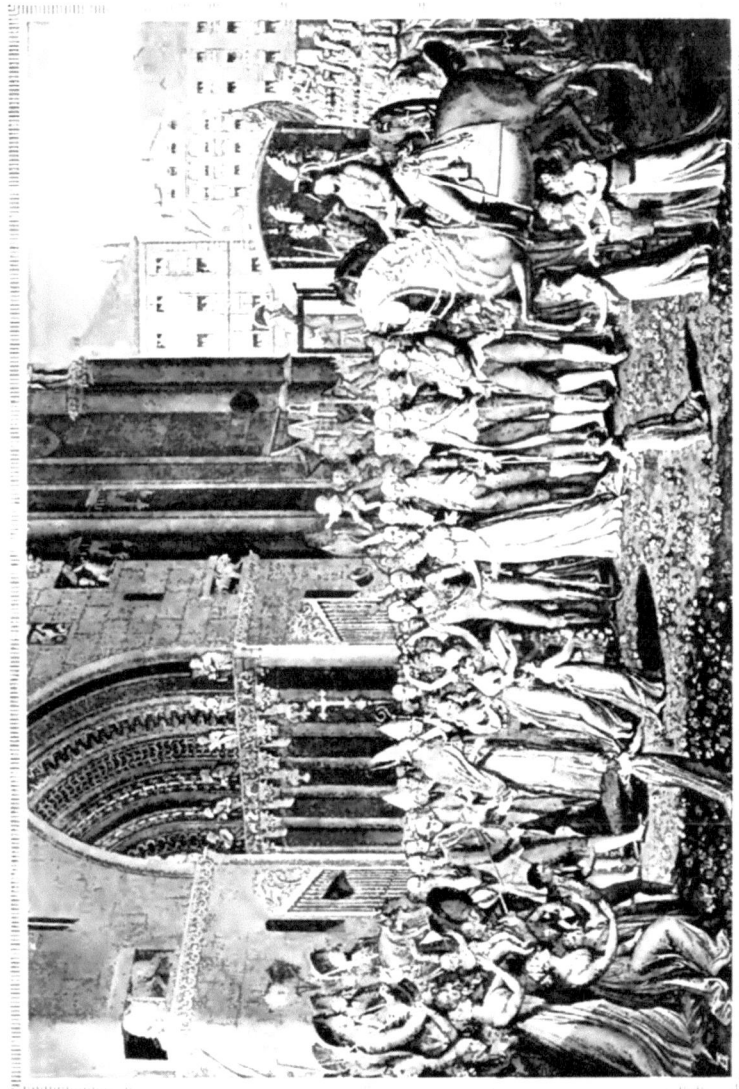

Franz II. bei der Rückkehr nach Wien, 16. Jänner 1806.

Das Bild ist besonders für das Kostüm der Zeit sehr interessant. Die Frauen und Mädchen tragen das antikisierende Empiregewand; bei den Männern herrscht das Staatskleid der Rokokozeit vor. Das Riesentor des Stephansdomes zeigt das offene alte Gitter aus der Barockzeit.

Bürgerliches Artillerie-Bombardier-Korps. 1808.

Die tapferen Wiener konnten nicht den Einzug Napoleons in ihre Stadt hindern, aber sie zwangen dem Franzosenkaiser die Anerkennung ab, „daß die Einwohner Wiens wegen ihrer ruhmvollen Anhänglichkeit an ihren Landesfürsten die Sicherheit der Person und des Eigentums verdienen und sicher zu gewarten hätten".

Um sich den Wienern einzuschmeicheln, versuchte Napoleon sogar einmal mit dem bei der Burgwache paradierenden Bürgerhauptmann Kumpfhofer ein deutsches Gespräch anzuknüpfen; seine Sprachkenntnis war aber zu ungenügend, um sich verständlich zu machen.

Der brave Bürgermeister Stephan Wohlleben kam in dieser Zeit so wenig zur Ruhe, daß er nur im Ratsaal hinter dem Ofen und einem Schirm sein Hemd wechseln konnte.

Napoleon konnte den Sieg bei Austerlitz nur mit den größten Opfern erringen. Aber um zu prahlen, gab er seine Verluste für geringer an, als sie wirklich waren. Als sich daher ein französischer Offizier über die Menge der von den Wienern abgelieferten Betten wunderte, sagte ein Wiener spöttisch: „Das sind die 10.000 Betten für eure 1600 Blessierten von Austerlitz."

Man ersieht aus all dem, daß diese Befreiungskämpfe wirkliche Volkskriege, nicht bloß Fehden der Staatspolitik waren. Unglaublich ist die Begeisterung, der Mut der Wiener. Sie waren noch kriegerischer gesinnt als die Regierung. Der 14jährige Grillparzer raisonnierte damals in diesem Sinne:

Mit frechen Feinden kriegen — Und sie auch stets besiegen, — Das wär' schon recht; — Doch ohn' ein Schwert zu ziehen, — Noch immer mehr zu fliehen, — Ei, das ist schlecht.

Damals wurde Beethovens herrliche Befreiungsoper „Fidelio" zum erstenmal aufgeführt. Unbeschreiblich war der Jubel bei der Wiederkehr des Kaiserpaares nach dem Frieden von Preßburg. Die Dichterin Karoline Pichler begrüßte den Kaiser mit diesem Gesang:

Mög' in seiner Lorbeern Glänzen — Sich ein stolzer Sieger blähn, — Tugend lohnt mit schönern Kränzen, — Die nie welken, nie vergehn. — Dienend unter ihren Fahnen, — Laßt uns dieses Ruhms uns freun, — Laßt uns Franzens Untertanen, — Laßt uns Österreicher sein!

Karoline Pichler wurde besonders durch Hormayr auf die reiche österreichische Geschichte hingewiesen.

Ferdinand Geramb.

Zwischen den Kriegen.
1806—1808.

Es ist erstaunlich zu sehen, wie die Schwungkraft der patriotischen Begeisterung nach jeder Niederlage, nach jedem ungünstigen Friedensschluß nur noch mehr wächst. So nach dem Jahr von Austerlitz, nachdem der Kaiser Franz durch Napoleon gezwungen wurde, die deutsche Kaiserkrone niederzulegen und zuzugeben, daß sich ein Rheinbund unpatriotischer deutscher Fürsten unter der Vorherrschaft Frankreichs bilde. Das geschah im Jahr 1806. Im nächsten Jahr wurde unter großen Feierlichkeiten das schöne Reiterstandbild des Kaisers Josef auf dem Josefsplatz enthüllt. Das war als eine große Kundgebung für die Einheitlichkeit der österreichischen Monarchie im Innern und gegen außen gemeint. Denn der Kern aller Bestrebungen des Kaisers Josef war die Vereinheitlichung (die Zentralisierung) des Reiches. Diese Bestrebungen kamen vor allem der Stadt Wien zu gute; sie sollte in Wahrheit die Reichshauptstadt aller Königreiche und Länder werden. Auf diesen Bahnen Kaiser Josefs wollte Kaiser Franz fortschreiten und also Österreichs Kräfte für die Befreiungskriege zusammenfassen.

Dies unbezwingliche und unerschöpfliche Österreich war trotz aller Opfer schon gleich nach dem letzten Krieg im stande, einen neuen

Kaiser-Josef-Denkmal in Wien.

Versuch der Befreiung vorzubereiten. Es ist lehrreich, zu sehen, wie Napoleon sich durch alle seine Siege und Eroberungen doch nur immer mehr schwächte, während Österreich durch alle Niederlagen und Erschöpfungen nur noch lebenskräftiger und zielsicherer wurde. Dies sichere Bewußtsein beseelte in wunderbarer Weise alle Gemüter.

Am höchsten wogte diese vaterländische Begeisterung im Jahr 1808 empor. Alle Feste wurden zu patriotischen und kriegerischen Kundgebungen, so auch die neue Vermählungsfeier im Kaiserhause. Kaiser Franz schloß den neuen Ehebund mit der geistvollen und anmutigen Erzherzogin Maria Ludowika von Österreich-Este. Die junge Kaiserin, hochgebildet und kerndeutsch fühlend, wurde bald der Mittelpunkt aller patriotischer Anregungen. Die berühmte französische Schriftstellerin Frau von Staël schreibt über sie in ihrem Buch über Deutschland: „Ich war zu Wien im Jahr 1808, als Kaiser Franz seine Muhme heiratete, die letzte Prinzessin jenes Hauses Este, das von Ariosto und Tasso so gefeiert worden ist. Die junge Kaiserin, ihrer Stammlande beraubt, vereinigte auf ihrem Haupt das doppelte Interesse der Größe und des Unglücks."

Die Kaiserin Maria Ludowika ist bekannt als Freundin Goethes. Sie hat mit ihm zusammen das Lustspiel „Die Wette" entworfen, das sich unter Goethes Werken befindet. Die Kaiserin fühlte sich, wie gesagt, ganz als Deutsche, und sie faßte den Gedanken, zur Hebung deutschen Nationalbewußtseins die altdeutsche Tracht wieder einzuführen. Auf den zwei Gemälden zu Larenburg im Franzensbau sieht man denn auch alle Teilnehmer an den Hochzeitsfeierlichkeiten sowohl in der Kirche wie in der Burg altdeutsche Kleidung tragen, und zwar sowohl Männer wie Frauen. Die Kaiserin fand in diesem Bestreben eine Gesinnungsgenossin an der Wiener Dichterin Karoline Pichler. Diese besingt „des deutschen Sinnes herrlich Auferstehen":

Wir sahen schöne Frau'n von hohem Stande — Gekleidet in des Vaterlands Gewande. — O holde Tracht! Bild guter frommer Zeiten, — Wir grüßen dich mit freudigem Gefühl. — Der Deutsche muß in deutschem Kleide prangen, — Nicht mehr vom Ausland das Gesetz empfangen. — Es kehrt ein beßrer Geist und fromme Sitte — Vielleicht mit dieser Tracht in unsre Mitte.

Dem Geschichtsschreiber Hormayr gilt ihr schönes Wort: „Mächtig aus der Vorwelt heil'gem Dunkel spricht der Menschheit Genius dich an." Ihre vaterländischen Romanzen besingen Mariazell, Ferdinand II., der Markgräfin Agnes Schleier und den ersten Markgrafen von Österreich, Leopold den Erlauchten von Babenberg. Ihr Wirken wurde auch von Goethe gewürdigt.

Karoline Pichler suchte auch durch Verbreitung des Nibelungen=
liedes deutsches und österreichisches Selbstbewußtsein zu heben. So
schickte sie das Nibelungenlied an den Dichter Ladislaus Pyrker mit
diesen Versen:

Heimisch in des schönen Öst'reichs Gründen
Sind die Wunder, die du hier wirst finden.
Unser ist der Nibelungen Hort.
Wie du folgst der Donau reichen Spuren
Bis zu deines Vaterlandes Fluren [Ungarn],
Zieht das Lied begleitend mit dir fort.
Wohlbekannte Namen hörst du klingen,
Von befreund'ten Stätten wird es singen,
Schönen Frauen, Ritterspiel und Scherz —
Siehst den Weg, den die Burgunder zogen,
Bechlarn spiegelnd in der Donau Wogen,
Melk und Mautern schimmernd fern und nah

Medaille auf die Kaiserin Maria Ludowika

Die Dichterin schreibt auch in ihren Denkwürdigkeiten über die
gehobene Stimmung jener Jahre: „Die großen Veränderungen, das
gewaltsame Zerstören brachte eine ganz entgegengesetzte Wirkung
hervor, und die Gemüter wendeten sich fester, liebender an das Alt=
gewohnte. Die Zweifelsucht wurde von vielen als schädlich erkannt.
Väterlicher Glaube, Vaterland, vaterländische Sitte, vaterländische
Geschichte fingen an, teure Ideen zu werden, zu denen sich im Sturm
die verletzten Gemüter flüchteten, wie es ihnen Zacharias Werner,
der Dichter, geraten hatte. Die Schätze des Mittelalters wurden aus=
gebeutet und was man dreißig Jahre früher als Überreste einer bar=
barischen Zeit mit Gleichgültigkeit, mit Verachtung weggeworfen
hatte, wurde jetzt mit Liebe hervorgesucht. Dieser Geschmack zog
denn auch die Bande zwischen Regierern und Regierten in allen
Ländern fester. Manche Klage verstummte jetzt vor der drohenden
Möglichkeit, alles zusammenstürzen zu sehen."

Die Augen von ganz Deutschland, das sich damals außer Österreich
in seiner tiefsten Erniedrigung befand, waren mehr als je auf Wien
gerichtet. Man erwartete von Wien, von Österreich das Allerhöchste
für Deutschland. Ein Mitglied des klassischen Kreises zu Weimar
schrieb damals an die Herausgeber des „Prometheus", einer Wiener

Truhe der bürgerl. Grenadiere mit dem Bildnisse des Bürgermeisters Wohlleben.

Zeitschrift: „Sie können nicht glauben, was ich für Wien und alles, was den Fortschritt der herrlichen Nation, der dieses Wien angehört, betrifft, für glühende Wünsche, für ein rein gemeintes, aufrichtiges Interesse hege! Und nicht ich allein. Rechnen Sie auf Goethens, auf aller deutsch gesinnten hiesigen Männer Beistand, die fühlen, was sie als vereinzelte Zweige eines alten tausendjährigen Stammes dem Mittelpunkte deutscher Kultur und Gesetzgebung schuldig sind." Die Wiener Herausgeber dieser Zeitschrift, Stoll und Seckendorf, erklärten auch in der Anzeige: „Wir wollen kein zweites Weimar; es soll etwas Größeres, Imposanteres werden." Das heißt: die Poesie sollte hier in Wien dem Leben, dem Vaterlande zu gute kommen, nicht bloß der Poesie wegen getrieben werden.

In diesem Sinne sang Friedrich Schlegel, der große Romantiker, seine herrlichen Wecklieder an die Deutschen, an die Österreicher. Er war in diesen Zeiten ein Wiener geworden, da nur hier in Österreich noch ein freies Wort möglich war. Er wollte „die uralten Riesenzeiten, der Helden Wunderstreiten", die alten Klänge und Heldengesänge aus ferner Zeit der neuen Zeit zu Nutz wieder erwecken:

Dem Liede muß gelingen,
Sie wieder uns zu bringen,
Der Retter ist nicht weit.

Der Frühling wird erstehen,
Es muß noch einst geschehen,
Was alle prophezeit.

Friedrich Schlegel hat darum sein ganzes großes Talent in den Dienst des Befreiungsgedankens gestellt und begeisternde Aufrufe verfaßt. Er sah die einzige Rettung in Österreich und in seinem erhabenen Kaiserhause Habsburg. Davon sang er:

Ja, auch da noch blüht die Ehre
Und es geht vom Kaiserhaus,
Wie die Zwietracht sich vermehre,
Mancher hohe Retter aus:
Rudolf, dessen feste Tugend
Lenkt die Welt zum Recht zurück,
Jener Ritter [Max], dessen Jugend
Reich umgürtete das Glück;
Doch vor allem unerschüttert
Ferdinandes [II.] hoher Mut,
In dem wild'sten Kriegsgewitter
Alten Glaubens Schirm und Hut.
Jetzt noch leben Heldensprossen
Von dem heiligen Geschlecht,
Das, so oft auch Blut geflossen,
Wieder brachte Fried' und Recht.
Drum bis zu den letzten Tagen
Wachse dieses Adlers Kraft!
Alles laßt für die uns wagen,
Die bis jetzt uns Heil geschafft!

Er rief den Deutschen zu, wieder zum alten Gott zurückzukehren:

Laßt euch die Worte mahnen,
Kehrt zu den alten Fahnen
Getreuer wieder hin!
In stiller Brust genährt,
Muß Fried' und Demut wohnen,
Der alte Glaube thronen,
Eh Heil uns wiederkehrt. —
Wo warst du, deutscher Adel?
Man sah nur Schand' und Tadel
In deinem üppigen Tun!
Ihr, die Gott auserschen,
Die Wahrheit zu erspähen,
Begeistert hohen Muts,
Ihr Denker, Lehrer, Dichter,
Wie wart ihr selbst Vernichter
Des anvertrauten Guts!

1 Ehrenbecher, den Bürgern Wiens gewidmet von Franz Graf Saurau.

2 Ehrenbecher, von Kaiser Franz den Wiener Innungen gewidmet.

3 Ehrenbecher, den Wiener Bürgern gewidmet von Herzog Ferdinand von Württemberg.

Er kennt, wie man sieht, keine Schonung für die eigenen Fehler,

Die Burgbastei nach der Sprengung 1809.

er hat erkannt, daß alles Unheil von der Erschlaffung der Sitten gekommen ist; die führenden Geister der Nation, die Lehrer, Denker und Dichter haben Glaube und Religion, Patriotismus, Pflichtgefühl einschlafen lassen durch eine falsche, verweichlichende Richtung des Geistes. Sie müssen das gutmachen; das ist die hohe Aufgabe der Poesie.

In dieser Zeit erschien auch Friedrich Schlegels erhabenes Freiheitslied, sein Gelübde, das zündendste Wort in diesen Befreiungskämpfen:

Es sei mein Herz und Blut geweiht,
Dich, Vaterland, zu retten.
Wohlan, es gilt, du seist befreit;
Wir sprengen deine Ketten!

Nicht fürder soll die arge Tat,
Des Fremdlings Übermut, Verrat
In deinem Schoß sich betten.

Der preußische Patriot Freiherr von Stein mußte damals, von Napoleon geächtet, nach Österreich fliehen, zum Altar, zu dem schon oft ungerecht Verfolgte flohen, wie er an den österreichischen Minister schrieb. Und hier von Österreich aus schrieb Stein an einen Freund in Berlin: „Es ist eine Freude, die edlen und guten Gesinnungen, die Bereitwilligkeit zu sehen, die unter diesem braven Volke herrscht, alles zu dulden und aufzubieten, um sich vom Untergange zu erretten. Bei Ihnen wandelt man den Weg der Unentschlossenheit, der zum ruhm-

Der Paradeplatz auf dem Glacis.

losen Verderben führt." Ein anderer Deutscher schrieb: „Nie war Deutschland einiger als jetzt, einig in Hoffnung auf Österreich." Diese Hoffnung auf Österreich hält der preußische Dichter Heinrich von Kleist mit glühender Begeisterung fest, als der Krieg bereits sicher war. Er wendet sich also an Kaiser Franz:

O Herr, du trittst, der Welt ein Retter,
Dem Mordgeist in die Bahn;
Und wie der Sohn der duft'gen Erde [Antaios]
Nur sank, damit er stärker werde,
Fällst du von neu'm ihn an!
Das kommt aus keines Menschen Busen,
Auch aus dem deinen nicht;
Das hat, dem ew'gen Licht entsprossen,
Ein Gott dir in die Brust gegossen,
Den unsre Not besticht.
O, sei getrost! In Klüften irgend
Wächst dir ein Marmelstein.
Und müßtest du im Kampf auch enden,
So wird's ein anderer vollenden,
Und dein der Lorbeer sein!

Gemeine Jäger.

Man sieht, wie Österreich die Hoffnung Deutschlands war.

Noch tiefer sprach Kleist den Sinn des kommenden Krieges in einem Gedicht an Erzherzog Karl, den Führer der österreichischen Kriegsmacht, also aus:

Schauerlich ins Rad des Weltgeschickes
Greifst du am Entscheidungstage ein,
Und dein Volk lauscht, angstfüllten Blickes,
Welch ein Los ihm wird gefallen sein.
Aber leicht, o Herr, gleich deinem Leben
Wage du das heil'ge Vaterland!
Sein Panier wirf, wenn die Scharen beben,
In der Feinde dicht'[s]en Lanzenstand!
Nicht der Sieg ist's, den der Deutsche fodert,
Hilflos, wie er schon am Abgrund steht;
Wenn der Kampf nur, fackelgleich, entlodert,
Wert der Leiche, die zu Grabe geht.

Gemeine Grenadiere.

Ein anderer deutscher Dichter rief dem Erzherzog Karl also zu:

O du, der Deutschen Ruhm und Trost und Stütze!
  Es leb' Prinz Karl, Karl hoch!
Befreie uns, sei unser Held und schütze
  Uns vor der Franken Joch!
Zur Hilfe Deutschlands bist du uns erkoren,
  Du, den es liebt und ehrt.
Du bist zu unserm Glück, zu unserm Schutz geboren,
  Und dieses Glückes wert.
Erringe unserm Kaiser Franz dem Zweiten
  Entscheidend Sieg auf Sieg!
Dann endet sich zur Hoffnung guter Zeiten
  Ein nie erhörter Krieg.
Dann singet dir und allen deutschen Helden
  Ganz Deutschland Ehr' und Ruhm.
Dein Ehrendenkmal bleibt auf spätre Welten;
  Kein Zufall stürzt es um!

Gemeine der deutschen Linieninfanterie.

Alles machte sich bereit. Alle Feste der Stadt und der Länder gingen immer mehr ins Kriegerische über. Mit der Einrichtung der Landwehre machte Österreich einen Schritt, der erst fünf Jahre später von Preußen nachgeahmt wurde. Der Eifer des Wiener Volkes war so groß, daß sich ein Bürger, den das Los traf, zurückzubleiben, aus Kränkung erschoß. Es war ein Volkskrieg im vollsten Sinne. Jeder einzelne hatte die allgemeine Sache zu seiner Sache gemacht. Eine Nation war zur Armee, eine Armee zur Nation umgeschaffen.

Erzherzog Karl sprach sich als Zeuge dieser patriotischen Bemühungen also aus: „Es ist ein herzerhebender Anblick, wenn ein gutes, edles Volk im Gefühle seines Wertes und seiner Kraft sich zur Erhaltung seiner Selbständigkeit und seiner glücklichen Verfassung unter der Regierung eines sanften und gerechten Monarchen verbindet."

Wiener Bürgerregiment.

Erzherzog Karl.

Erzherzog Karl wurde am 5. September 1771 als dritter Sohn Leopolds II. geboren, kämpfte in den Niederlanden und am Rhein 1792 – 1797, besiegte die Franzosen bei Würzburg 1796 und krönte alle seine Erfolge durch den Sieg von Aspern (1809). Er starb am 30. April 1847.

Der Löwe von Aspern.

Das Kriegsjahr von Aspern 1809.

Das Jahr 1809 war die Vorbereitung des Volkskrieges von 1813, die Vorbereitung des siegreichen Befreiungskampfes. In allem, in der Volksbewaffnung, in der nationalen Begeisterung, im ersten siegreichen Erfolg, schritt Österreich seinem späteren preußischen Verbündeten weit voran. Auch die Kriegslieder des Jahres 1813 waren nur ein Nachhall des zündenden Begeisterungsfeuers von 1809. Es entstanden wirkliche Volkslieder. Da klang es unmittelbar aus dem österreichischen Volk heraus:

Unser Herz uns zum Kampfe verpflichtet, — Gottes Auge ist auf uns gerichtet, — Über uns waltet segnend seine Hand, — Vertrau' auf uns, lieb Vaterland!

Ein anderes Vaterlandslied ruft:

Wohlauf, ihr Brüder, die Zeit ist da, — Die Zeit, sich als Mann zu bewähren. — Die Kette klirrt, die Knechtschaft ist nah; — Laßt mutig uns gegen sie wehren! — Wenn Vaterland, Freiheit man entbehrt, — Bleibt diesem Leben ja doch kein Wert.

Dem Erzherzog Karl rief das Volksheer entgegen:

Nun, Vater Karl, bist wieder hier, — Umringt von deinen Söhnen! — Dein deutsches Heer, dein Grenadier — Weint wieder Freudentränen. — Es pocht das Herz, es kocht das Blut, — Erwärmt von deines Blickes Glut.

Also lautet der Schluß eines Kriegsliedes:

Drum frisch zum Kampf mit frohem Herzen! — Uns schützt der Allmacht Hand. — Der Heldentod macht keine Schmerzen; — Es ist fürs Vaterland.

Ein ritterlich-bürgerlicher Scharfschütz singt also:

Soll Hermanns hoher Stamm vermodern? — Teutoniens Name untergehn? — Brecht auf! des Krieges Fackeln lodern. — Laßt uns mit Mut den Kampf bestehn!

Ein Veteran wendet sich an seine Kriegsgefährten:

Auf, Krieger, unter Öst'reichs Fahnen! — Sonst droht dem Vaterland Gefahr! — Beseelt vom Geiste tapfrer Ahnen, — Erwartet Lorbeer unsre Schar.

Ein gutgesinnter Ungar äußert sich also:

Wo gibt's ein Volk, ihr Zeiten, sprecht, — Den Völkern Öst'reichs gleich? — So kräft'gen Lebens, edler Brust, — So gern sich seines Glücks bewußt, — An Bürgerglück so reich? —

Wo gibt's ein Volk, Europa, sprich, — Wie Öst'reichs Völker treu, — Treu ihrem Fürsten, ihrer Pflicht, — Und dennoch feile Kriecher nicht, — Nein, durch Gehorsam frei? —

Verschieden zwar an Sprach' und Kleid
 Im großen Völkerbund,
Vereinigt doch sie insgesamt,
Für Öst'reichs Kaiserhaus entflammt,
Ein Herz, ein Arm, ein Mund. —

Wer dürft' es wagen, solch ein Band
 Zu trennen jemals, wer?
Wer böte, inniger geliebt,
Für das, was unser Land uns gibt
Und unser Kaiser, mehr? —

Vernehmt's ihr Neubarbaren! Nicht
 Bedürfen euer wir.
Wir sind durch feste Lieb' und Treu',
Für unsern Fürsten froh und frei;
Ein Fluch der Welt seid ihr!

Am berühmtesten sind die „Lieder österreichischer Wehrmänner" geworden, die Heinrich Collin dichtete und die Weigl, Gyrowetz und andere vertonten. Sie wurden in Konzerten und Theatern verlangt und angestimmt, sie verbreiteten die patriotische Begeisterung

Erstürmung von Aspern durch das Regiment Benjowsky.

Sechsmal wurde Aspern am 21. Mai von den Österreichern erstürmt, sechsmal von den Franzosen zurückerobert. Masséna, der französische Marschall, lenkte die Verteidigung unter den hohen Linden des Kirchhofes. Der siebente Ansturm der Österreicher zwang ihn zum Rückzug. Um jedes Haus, um jeden Garten wurde gerungen. Das ganze Dorf stand in Flammen.

weit über Österreich hinaus. Sie wurden so das Muster für die Kriegsdichtung der deutschen Befreiungskriege von 1813. Collin singt:

Habsburgs Thron soll dauernd stehen,
Öst'reich soll nicht untergehen.
Auf, ihr Völker, bildet Heere!

An die Grenzen, fort zur Wehre!
Solchen Ruf ließ Franz erschallen
Aus der Ahnen Kaiserhallen.

Ein anderes Lied lautet also:

Seit ich ein Wehrmann bin,
Heg' ich viel frohern Sinn:
Nie sonst gekannte Lust
Schwellt mir die Brust.

Singe durch Feld und Wald,
Daß es von Bergen hallt:
Herrliches Österreich,
Was kommt dir gleich!

Ein drittes, mit dem Titel „Österreich über alles":

Wenn es nur will, — Ist immer Öst'reich über alles. — Wehrmänner, ruft nun vollen Schalles: — Es will, es will! — Hoch Österreich!

Herrlich sind die Worte des Bürgermeisters, des Feldherrn, des Kaisers unmittelbar vor dem Ausbruch des Krieges. Der Bürgermeister Wohlleben forderte die edlen Bewohner Wiens auf zur Unterstützung der Angehörigen der ins Feld ziehenden Wehrmänner: „Immer waren die hochherzigen Bewohner dieser Kaiserstadt unaufgefordert unter den ersten, wenn es irgend einen erhabenen Zweck zu erreichen galt. Die Religion, der Staat, einzelne Familien bewahren die Denkmäler dieses Gemeinsinns in den Tempeln, bei den öffentlichen Anstalten und in den Jahrbüchern der Zeitgeschichte. Viele lassen das Teuerste, Gattin und Kinder, zurück, um sich dem Höchsten, der Pflicht und der Fürstentreue, hinzugeben."

Erzherzog Karl schrieb die berühmten Worte: „Der Schutz des Vaterlandes ruft uns zu neuen Taten. Auf euch, meine teuren Waffengefährten, ruhen die Augen der Welt und aller, die noch Sinn haben für Nationalehre und Nationaleigentum. Ihr sollt die Schmach nicht teilen, Werkzeuge der Unterdrückung zu werden. Die Freiheit Europas hat sich unter unsere Fahnen geflüchtet. Eure Siege werden ihre Fesseln lösen und eure deutschen Brüder, jetzt noch in feindlichen Reihen, harren auf ihre Erlösung."

Der Kaiser Franz wandte sich also an die Völker Österreichs: „Auch die österreichische Monarchie sollte dem Ehrgeize Napoleons unterliegen, und so wie er Spanien zu unterjochen trachtet, das heilige Oberhaupt der Kirche mit Übermacht mißhandelt, die Provinzen Italiens sich zueignet und jene Deutschlands nach Willkür verschenkt und bedrückt, ebenso sollte auch Österreich dem großen Reiche huldigen, das er seit Jahren laut ankündigt. Ihr seid meinem Zurufe gefolgt, eure Vaterlandsliebe ist ihm zuvorgekommen. Empfangt meinen Dank, den einst meine und eure Enkel wiederholen werden."

Beim Überschreiten der Grenze richtete Erzherzog Karl im Bewußtsein seiner deutschen Aufgabe noch diese Worte „An die deutsche Nation. Wir überschreiten die Grenze, um Deutschland die Unabhängigkeit wieder zu verschaffen. Unsere Sache ist die Sache Deutschlands. Mit Österreich war Deutschland selbständig und glücklich; nur durch Österreichs Beistand kann Deutschland wieder beides werden. Nur der Deutsche, der sich selbst vergißt, ist unser Feind." Das ging auf die Deutschen des Rheinbunds.

Der „Aufruf eines (ungenannten) Deutschen zum Zerbrechen drückender Fesseln" beginnt darum: „Wie lange soll Hermann trauern über seine entarteten Enkel? Zogen deshalb die Cherusker in die Teutoburger Schlacht? Stände Österreichs Macht nicht als eure Retterin da, welches Geschick würde euer harren!"

Man muß die Kühnheit und den unbedingten Mut Österreichs um so höher anschlagen, da unser Reich damals ganz allein stand und Napoleon unter seinem Befehl halb Europa herbeiführte, vor allem das ganze ihm unterworfene Deutschland des Rheinbundes, während damals Preußen völlig zerdrückt und entwaffnet am Boden lag. Auch ganz Italien und Holland führte Napoleon mit sich und das gefürchtete Rußland war mit ihm in festem Bunde. Da ist es denn kein Wunder, daß das österreichische Volksheer nach manchen Erfolgen, nach dem Heldenkampf der Tiroler, zurückweichen mußte und daß Wien zum zweitenmal, diesmal nach hartnäckiger Verteidigung, in die Hand des Feindes fallen mußte.

Um so wunderbarer ist es, daß es dem Erzherzog Karl in zweitägigem Ringen bei Aspern (21. und 22. Mai), wobei beide Teile all ihre Kräfte aufboten, dennoch gelang, den bisher unbesiegten Meister der Kriegskunst zu schlagen. Diese Schlacht geschah im An-

Die Schlacht bei Aspern. Gemälde von Peter Krafft.

gesicht von Wien; von Türmen, Dächern und Basteien konnten die Wiener die furchtbaren Kämpfe verfolgen. Sie waren wohl für diesen Feldzug nicht entscheidend, denn bald darauf ging der äußere Erfolg des Sieges durch die Schlacht bei Wagram wieder verloren. Aber um so größer war die innere Bedeutsamkeit und der Wert des Sieges von Aspern, und er übertrifft alle folgenden Siege der Befreiungs= kämpfe. Denn in diesen stand Napoleon immer einer Mehrzahl von Verbündeten gegenüber. Hier bei Aspern aber zeigte sich der volle Wert des auf sich allein angewiesenen Österreich. Und Österreich stand zum Schluß des Feldzuges noch unerschöpft an inneren Kräften, unzusammengebrochen da, bereit zu neuer Kraftentfaltung, während Napoleon sich und seine Hilfskräfte durch die rücksichtslosen Siege immer mehr erschöpfte. Er siegte sich selber zu Tode. Kein anderer Feldherr der Befreiungskriege hat aber so ungeteilt, so völlig aus eigener Kraft, den Siegeskranz Napoleon von der Stirne gerissen, wie Erzherzog Karl es bei Aspern getan hat. Der Ruhm dieses Sieges schallte durch die ganze Welt und machte zum erstenmal Napoleons Namen wanken. Der preußische Dichter Heinrich von Kleist besang begeistert den österreichischen Sieger: „Hättest du Turenne besiegt oder Gustav oder Suworow oder Soltikow, siehe, die Jungfrau'n rief ich herbei des Landes, daß sie zum Kranz den Lorbeer flöchten, dir die Scheitel, o Herr, zu krönen. Aber wen ruf ich, dich, o Karl, zu krönen, Überwinder des Unüberwindlichen!" Kleist spielt auch in einem schönen Distichon auf die Tatsache an, daß infolge eines plötzlichen Steigens der Donau die Schiffbrücke zerriß und so Napoleons Rückzug gefährdet war:

> Alle Götter verließen uns schon; da erbarmte das Donau-Weibchen sich unser und Mars' Tempel erkenn' ich ihr zu.

Das Volk besang den Sieg von Aspern nach der Weise des Prinz-Eugen-Liedes:

Prinz Karolus, der edle Ritter,
Hat dem Kaiser gewonnen wieder
Eine große Siegesschlacht;

Bei Eßlingen und bei Aspern
Hat er sich gehalten tapfer
Und bezwungen Napoleons Macht.

Und die Wiener sangen:

Lasset laut Viktoria schallen,
Prinz Karolus lebe hoch! —
Meinte der französ'sche Kaiser,
Daß er unser schönes Wien
Wie zum Frühstück könne speisen

Und daß Öst'reich werde fliehn —
Kaiser Franz hat auch noch Leute
Und ein' klugen General —
Dieser fürcht' sich keinmal nicht,
Ob Napoleon schon ficht.

Es war das große Verdienst des Erzherzogs Karl, daß er nicht durch tolle Opfer für den Augenblick siegen wollte, so wie es Napoleons Art war. Der österreichische Held und Väter seiner Soldaten wollte vielmehr das Heer erhalten und schonen. Er führte es nach der Schlacht bei Wagram, immer kampfbereit und schlagkräftig, zurück. Er sagte demnach mit Recht in seinem Aufruf: „Wenn das Glück der Waffen am Ende zum Vorteil unserer Feinde entschied, so konnten

Beschießung Wiens durch die Franzosen 1809.

Man sieht das französische Militär auf dem Glacis lagern zwischen der inneren Stadt und der Vorstadt. – Im Hintergrund des ganz freien, nur mit Baumalleen bestandenen Glacis hebt sich die Karlskirche wirkungsvoll ab.

sie uns zwar die Palme des Sieges entreißen, aber unvergängliche Lorbeeren werden stets der Tapferkeit blühen. Noch stehen Österreichs Heere mit ungebeugter Kraft zum Schutze des Vaterlandes bereit." Karl und Aspern waren die Worte, die jedem Deutschen heilig blieben und die Begeisterung zum Freiheitskampf nach vier Jahren immerfort wach erhielten. Davon sang der edle Theodor Körner:

Aspern klingt's und Karl klingt's siegestrunken, — Wo nur deutsch die Lippe lallen kann. — Nein, Germanien ist nicht gesunken, — Hat noch einen Tag und einen Mann. — Karl und Aspern ist ins Herz gegraben, — Karl und Aspern donnert im Gesang.

Österreich mußte wieder einen ungünstigen Frieden eingehen, den Frieden von Schönbrunn. Aber man wollte auf unserer Seite die Kräfte schonen. Man war sich bewußt, daß noch einst der Zahltag kommen müsse. Und dies Vorgehen hat sich auch herrlich bewährt. Napoleon ließ zum Abschied noch einen Teil der Wiener Basteien vor der Burg sprengen; er war diesmal den Wienern weniger freundlich gesinnt, weil sie ihre Stadt zu verteidigen gewagt hatten. Aber diese riefen dem Kaiser Franz zu: „Mögen die Mauern, die deine Burg umgeben, in Trümmer zerfallen sein: die festeste Burg sind die Herzen deines Volkes."

Während die Franzosen in Wien waren, starb hier der berühmte Tondichter Josef Haydn, durch seine Volkshymne den Österreichern, durch seine Symphonien und Oratorien, Die Schöpfung, Die Jahreszeiten der ganzen gebildeten Welt bekannt und wert. Die anwesenden französischen Offiziere beteiligten sich an den Leichenfeierlichkeiten, denn des Meisters Schöpfungen waren bei den Parisern ebenso beliebt wie bei den Wienern. Wien war die Welthauptstadt der Musik. Ihre Meister Gluck, Mozart, Haydn, Beethoven überragten an Bedeutung und Größe alles, was zur selben Zeit in irgend einem Lande der Welt an Kunst und Wissenschaft, an Philosophie und Poesie geleistet wurde. Der Österreicher kämpfte also in den Freiheitskriegen für die Erhaltung einer Kultur, die außer Wien nicht ihresgleichen hatte.

Neben den Namen „Aspern" und „Erzherzog Karl" erfüllten noch zwei andere Namen damals mit ihrem Ruhme alle Welt: „Tirol" und „Andreas Hofer". Man glaubt Sagen von alten Zeiten zu vernehmen, wenn man von den Heldentaten des Volkes von Tirol hört und von dem unerschütterlichen Biedersinn seiner Führer, besonders des Sandwirts Andreas Hofer. In dieser schlichten, so oft unverstandenen und unterschätzten Gestalt hat sich die schlichte, aber unwiderstehliche Gesinnung des ganzen Volkes verkörpert. Das ist seine Bedeutung und seine Kraft gewesen. Auch hier hat das Volk trotz vorübergehender Niederlagen endlich seine Befreiung errungen. Diese Volkshelden von Tirol, Hofer, Haspinger, Speckbacher, Straub, beweisen, daß der blutige Befreiungskampf eine Sache des ganzen Volkes war, nicht nur eine Sache der Regierungen. Und sie beweisen, welche Kraft im Volk schlummerte und zur ruhmvollen Tat erwachte, wenn sie geweckt, wenn sie nur nicht gehindert wurde. Einzeln genommen, waren diese Helden des Volkes gewiß keine hervorragenden Persönlichkeiten; aber sie wuchsen ins Riesenhafte, weil sie sich als Vertreter des ganzen Volkes fühlten, weil in ihnen das ganze Volk seine Kraft zusammenfaßte. Diese Tiroler Kämpfe sind auch ein glänzendes Zeugnis für die Macht und das Leben des österreichischen Staatsgedankens in allen Ländern des großen Reiches.

Medaille auf die Schlacht bei Aspern und den Übergang der Franzosen über die Donau.

Vor der Entscheidung.
1810—1812.

Die furchtbaren Kämpfe des Jahres 1809 vor Wien und in Tirol waren kaum vorüber, als die Welt durch eine unglaubliche Kunde überrascht wurde. Während der gefangene Andreas Hofer zu Mantua unter den Kugeln der französischen Exekutionssoldaten sein Heldenleben beschloß, ließ Napoleon, der Sohn des Glücks, der Günstling des Kriegsgotts, der übermächtige Emporkömmling, bei Kaiser Franz um die Hand seiner Tochter Marie Louise werben. Seine erste Ehe ließ er für ungültig erklären. Es war kaum möglich, ihm sein Begehren zu versagen und so groß auch der Haß des österreichischen Volkes gegen seinen ärgsten Feind war, so mochte man sich doch sagen, daß dies Eheband vielleicht auch die Gefahr abwehrte und daß der Held der Revolution dadurch aus einem gefürchteten Tyrannen ein sanfter Schwiegersohn des mildesten aller Kaiser und Fürsten werden könne. Der mögliche Friede, die zu hoffende Wohlfahrt der ganzen Welt war des großen Opfers wert. Dies Opfer brachte der Kaiser, der liebende Vater, und seine gehorsame Tochter. Es ist höchst merkwürdig, wie zu Beginn und zum Ende der französischen Umwälzung das Opfer einer edlen Habsburgerin steht: Marie Antoinette, die als Gemahlin König Ludwigs XVI. von den Pariser Schreckensmännern hingerichtet wurde, und Marie Louise, die den tiefen Fall ihres Gatten Napoleon erleben sollte. Marie Antoinette war die Tochter der großen Kaiserin Maria Theresia, die Schwester der beiden Kaiser Josefs II. und Leopolds II., die Tante des Kaisers Franz. Dieser hatte im Jahre 1792 besonders deshalb den Krieg gegen Frankreich begonnen, um Marie Antoinetten und ihren Gemahl, den König Ludwig XVI. von Frankreich, aus den Händen der Revolutionsmänner zu befreien. Das war aber nicht gelungen. Nun dachten die Diplomaten, es könne jener alte Frevel, an einer Erzherzogin begangen, von Seite Frankreichs durch die neue Heirat gesühnt werden. Beidemal dachte man durch Ehebündnisse auch die Reiche dauernd zu verbinden. Aber beidemal mißglückte der Plan und es zeigte sich, daß die Schicksale der Reiche von höheren Mächten gelenkt werden, die tief im Volkstum und in weltgeschichtlichen Bestimmungen begründet sind. So sind auch Österreich und Wien Wesen von eigenem Leben, nicht Gebilde des Zufalls. Damals, als die Kunde der Vermählung bekannt wurde und als man sie durch eine festliche Beleuchtung feierte, da versprach man sich

Marie Louise.
Kaiserin der Franzosen.

Napoleon.
Kaiser der Franzosen.

die günstigste Wendung von dem merkwürdigen Ehebund. Und wenn auch manche meinten, nun sei Österreich gänzlich dem Eroberer überantwortet, so überwog die hoffnungsvollere Anschauung. Das bezeugen die Inschriften, die das frohe Wien nach damaliger Sitte am Vermählungstag anbrachte. Zum Beispiel:

Der beste Geist reicht heut dem besten Herz die Hand
Und Millionen jubeln über dieses Band. —

Ruhe, ruhe, Mars! Laß keine Fackel zünden!
Was du so oft getrennt, wird Venus fester binden. —

Freunde sind die beiden Kaiser;
Drum beleuchten wir die Häuser. —

Groß ist Napoleon,   Louise knüpft dies Band.
Nun unsres Kaisers Sohn. Heil meinem Vaterland! —

War je ein Fürst so vieler Liebe wert,
Als Franz der Vater nur zu sein begehrt?
Bestieg ein Held so glorreich je den Thron,
So hochverdient wie Held Napoleon?
Wem gab der Gottheit Huld je süßern Lohn als diesen:
Der Schöpfung Meisterstück, Louisen! —

Deinen Taten wird zum Lohne,
Großer Held Napoleon,
Louise, aller Mädchen Krone;
Du bist jetzt Franzens Sohn. —

Louise hat den starken Mars besiegt;
Seht wie der Lorbeer sich um Ölzweig schmiegt! —

Louise lebe, Österreichs Stolz und Glück!
Sie bringt uns die goldene Zeit zurück. —

Mehr Größe, Schönheit, Güte   Napoleon hat die Welt, Louise ihn,
hat man nie vereint gefunden: und Franz sich selber überwunden.

Man ersieht aus diesen Gedichten, wie poetisch der Sinn der Wiener jener Zeit war; sie fanden für alles, Vaterland, Kriegsmut, Liebe und Frieden, die treffendsten, schlichtesten, biedersten Worte und Bilder voll Kraft und Milde, Stimmung und Mutterwitz. Die Gefühle des Volkes machten sich damals ganz von selber in Gedichten und Reimen Luft. Die Poesie lag im Volk. Die ganze Zeit war poetisch, ein großes

Ausmarsch des Wiener Bombardierkorps.

historisches Schauspiel. Große Dichter, Sänger, Künstler, Staatsmänner, Feldherren und Helden wandelten über den Schauplatz jenes Heldenspieles: der größte Held und Dichter war aber das Volk selber.

Weder das Volk noch die Regierung gab sich darum träger Sorglosigkeit hin, sondern man war darauf gefaßt, daß sich auch alle gehegten Hoffnungen als eitel erweisen könnten.

Man suchte in diesen Jahren alle Kräfte zusammenzufassen, um allen folgenden Ereignissen gewachsen zu sein. Ein schönes Zeichen dieser Absicht ist die Zensurvorschrift von 1810: „Kein Lichtstrahl, er komme woher er wolle, soll in Zukunft unbeachtet und in der Monarchie unerkannt bleiben. Fehler der Staatsverwaltung und Mißgriffe der Behörden können aufgedeckt und Verbesserungen angedeutet werden."

In dieser Zeit (1811) mußte man auch suchen, die ungeheuren Kosten der letzten Kriege auszugleichen. Da man der Bevölkerung nicht wie in andern Ländern schwere Steuern auferlegen wollte, hatte man zur übermäßigen Ausgabe von Papiergeld gegriffen, etwa so, wie das die Franzosen mit ihren Assignaten getan hatten. Dies österreichische Papiergeld war nun wohl nicht so schnell und so gänzlich entwertet worden wie das französische, aber es war nun doch schon auf ein Fünftel des Nennwertes zurückgegangen. Der Wertverlust war also sehr groß, er verteilte sich aber auf alle, die im Verlauf von etwa zwanzig Jahren, da der Kurs langsam von Monat zu Monat fiel, die Papiere in Händen hatten. Das Finanzpatent von 1811 suchte nur diese Verhältnisse zu regeln und zu klären; es hieß darin: „Um den Wohlstand der Untertanen zu schonen, den die Ausschreibung so großer Steuern, als es die Staatsauslagen verlangen, zerrüttet hätte, wurde in früheren Jahren die Zahl der Bankozettel erhöht." Infolge dieser Geldverhältnisse ergaben sich wohl im einzelnen gewinnreiche oder verlustreiche Spekulationen, aber im allgemeinen müssen wir mehr über die Tatsache staunen, daß trotz der ungeheuren Opfer und Verluste das Nationalvermögen nicht zurückging und die Industrie, die Landwirtschaft, das Gewerbe sich hoben, ebenso die Kunst und die Kultur. Auch die Lebensfreude und Lebenszuversicht der Wiener scheint merkwürdigerweise durch all das Leid nicht gelitten zu haben. Diese ganze, auf allen Gebieten des Geistes so angeregte Zeit schien durch ihre Leistungen den alten Satz widerlegen zu wollen, daß die Musen während des Waffenlärms schweigen müßten. Niemals haben sich die Musen in Wien wohler befunden; denn eben jene patriotische, jene kriegerische Begeisterung ist ihr Lebenselement. In dieser Zeit erfuhr auch die Akademie der bildenden Künste einen mächtigen Aufschwung.

Das Verdienst, den erfolgreichen Befreiungskampf mit meisterhafter Zielsicherheit vorbereitet zu haben, gebührt vor allem dem österreichischen Minister Metternich. Er ließ sich durch nichts darin irre machen. Vor allem ist seine deutsche Treue anzuerkennen, womit er die Sache der Befreiung durchaus nicht zum einseitigen Vorteil Österreichs, sondern im allgemein deutschen Sinne begann und treulich bis zu Ende durchführte. Schon während der Hochzeitsver-

Klemens Fürst Metternich.

handlungen zerstreute er alle Besorgnisse Preußens, als ob sich dadurch Österreich in die Pläne Napoleons verwickeln lasse. Österreich, sagte er, soll der Stamm bleiben, um den sich alles scharen müsse, was sein Dasein gegen Frankreich behaupten wolle. Durch diese Haltung erreichte Metternich vorerst, daß sich Rußland dem Bund mit Napoleon entzog. Auch die Geburt eines französischen Thronerben, des Königs von Rom, des Enkels des Kaisers Franz, brachte in Österreichs Haltung keine Wendung hervor. Das öffentliche Wohl, die Befreiung Europas von der napoleonischen Zwingherrschaft, überwog alle Familiengefühle.

Als nun das Zerwürfnis zwischen Rußland und Frankreich bis zum Kriege fortschritt, da mußte wohl Österreich ebenso wie Preußen Hilfstruppen zum französischen Heer stoßen lassen, aber man sorgte dafür, daß die österreichische Hilfsmacht unter dem Befehl des Fürsten Schwarzenberg sich so selbständig und zuwartend wie möglich halten konnte, ohne deshalb an Napoleon Verrat zu üben. Österreich blieb bundesgetreu, wie es nicht anders konnte, übte aber sozusagen eine passive Resistenz aus, indem es nur das Allernotwendigste tat. Man war damals zur Überzeugung gekommen, daß Napoleon als Schlachtenmeister wohl unüberwindlich sei, aber einmal werde doch die Zeit kommen, wo er sich selber durch seinen Übermut vernichten müsse und wo ihm ein Höherer vom Himmel her ein Halt zurufe. Menschliche Voraussicht war hier ohnmächtig; man konnte nur zuwarten. Für Österreich und Deutschland war es ebenso gefährlich und bedrohend, wenn Napoleon siegte, wie wenn er unterlag. In beiden Fällen mochte er an Österreich neue Anforderungen stellen. Metternich schrieb darüber an den preußischen Minister: „Wir müssen durch alle Mittel, die in unserer Macht sind, uns die Möglichkeit bewahren, eines Tages jene wahrhafte Unabhängigkeit wieder zu gewinnen, die für die Staaten das ist, was die Gesundheit für den einzelnen Menschen."

Was man erwartet hatte, geschah. Napoleon büßte den Versuch, mit einem übergewaltigen Heer in Rußland einzufallen, mit dem Verluste dieses Heeres. Kein Feldherr hat ihn besiegt, keine Macht hat ihn von dem Einmarsch in Moskau abhalten können. Ihn besiegte das Feuer der brennenden Stadt, Schnee und Eis des russischen Winters. Ihn besiegte sein eigener Übermut, die Ungerechtigkeit seiner Absichten. Mit Recht sang damals das Volk:

Gott selber hat gerichtet
Und seinen Feind zernichtet. —

Mit Mann und Roß und Wagen,
So hat sie Gott geschlagen.

Auf die Kunde von Napoleons Mißerfolg machte sich Preußen von ihm los, schloß ein Bündnis mit Rußland und erklärte an Frankreich den Krieg. Aber es war noch zu früh. Man unterschätzte Napoleons Geist und Energie, man unterschätzte seine noch immer un-

Szene aus den Befreiungskriegen. Von Karl Ruß.

Dieser Schwur der drei zum Kampf ausziehenden Söhne am Krankenbett ihres Vaters ist ein Musterbeispiel der bildenden Kunst jener Zeiten der Revolutions- und Befreiungskriege. Man sieht den Einfluß des französischen Malers J. L. David. Der pathetische Stil steht auf dem Übergange vom Klassizismus zur Romantik.

Rückzug der Franzosen über die Beresina 1812.

geheuren Machtmittel. Er schlug die vereinigten Preußen und Russen wiederholt auf deutschem Boden und es wäre wohl alles wieder in die alte Abhängigkeit zurückgesunken, wenn nicht Österreich allein, zuerst durch geschicktes Zaudern, durch langsame, aber gründliche Rüstungen, durch kluge, aber nach allen Seiten loyale Verhandlungen, sich endlich eine solche Stellung verschafft hätte, in der es mit sicherer Aussicht auf Erfolg als machtvoller Schiedsrichter Europas sein Wort und sein Schwert gebrauchen konnte. Vergebens bot Napoleon dem Kaiser Franz die Zerstückelung Preußens an als Lohn für ein Bündnis. Damals lag es in Österreichs Hand, Preußen zu vernichten und sich in dessen Länder mit Frankreich zu teilen. Damals hätte Österreich mit sicherem Erfolg an Preußen Rache nehmen können für Friedrichs II. Einfall in Schlesien, und es hätte das so schmerzlich verlorene Gebiet mit Wucherzinsen zurückerhalten können. Aber der biedere deutsche Sinn des Kaisers Franz verschmähte das. Er verzichtete auf jedes Rachegelüst wegen des einst entrissenen Schlesiens. Er fühle sich nur als deutscher Fürst, als Wiederhersteller deutscher Unabhängigkeit und Größe. Er machte Preußens Sache in hoher Uneigennützigkeit zu seiner eigenen Sache. Das war auch die Stimmung des österreichischen, des Wiener Volks. „Die Rachegeister von 1809 waren erwacht. Der Losbruch der Volksempfindung bedurfte keines Befehls. Das Gefühl des Elends, das auf jeder Familie lastete, machte sich unwillkürlich Luft."

Österreich ging aber mit größter Schonung aller Verhältnisse vor. Es suchte zu vermitteln. Es versprach dem Franzosenkaiser seine Freundschaft, wenn er nur wenigstens auf das rechte Rheinufer, auf den Rheinbund und auf die von Österreich losgerissenen illyrischen Provinzen verzichte. Aber Napoleons Verblendung war so groß, daß er nicht darauf einging. Ein Friedenskongreß zu Prag ging deshalb ohne Erfolg auseinander. Als am 10. August um Mitternacht noch immer keine zustimmende Antwort von Seite Napoleons eingelangt war, erklärte Österreich noch in derselben Stunde den Krieg, und Feuerzeichen trugen von Berg zu Berg die Nachricht dem preußischen und russischen Heere zu. Am andern Tag kam wohl eine Antwort Napoleons, aber sie war ausweichend, hinhaltend und — zu spät.

Medaille auf die verbündeten
drei Monarchen.

Fürst Karl Schwarzenberg.

Karl Philipp Fürst zu Schwarzenberg, geboren am 15. April 1771 zu Wien im ehemaligen Schwarzenbergpalais auf dem Neuen Markt. In den Türkenkriegen unter Laudon, dann in den Niederlanden, bei Würzburg usw. erfolgreich. Österreichischer Botschafter in Petersburg und Paris, ehe er auf Napoleons Wunsch den Befehl über das Hilfsheer gegen Rußland erhielt. 1813 Generalissimus. Er starb am 15. Oktober 1820 zu Leipzig.

Das Geburtshaus Schwarzenbergs auf dem Neuen Markt.

Die Befreiungsschlacht bei Leipzig.
Oktober 1813.

Hoch auf flammte überall das heilige Feuer der Begeisterung. Der Kaiser Franz konnte sich im Manifest, als er den Krieg ankündigte, auf die Zustimmung seiner Völker berufen: „Allenthalben eilten die ungeduldigen Wünsche der Völker dem regelmäßigen Gange ihrer Regierungen zuvor. Von allen Seiten schlug der Drang nach Unabhängigkeit unter eigenen Gesetzen, das Gefühl gekränkter Nationalehre, die Erbitterung gegen schwer mißbrauchte Obergewalt in hellen Flammen auf. Die Rechtfertigung dieses Krieges ist in dem Herzen jedes Österreichers wie jedes Europäers mit großen und leserlichen Zügen geschrieben. Der Ausgang wird, unter dem Beistande des Himmels, die gerechten Erwartungen aller Freunde der

Ordnung und des Friedens erfüllen." Ein anderer Aufruf sagte: „Völker Österreichs! Noch einmal wütet der Krieg und unterbricht eure friedlichen Geschäfte. Noch einmal müßt ihr der Welt zeigen, daß alle Völker des glücklichen österreichischen Staates einen Willen, einen Wunsch, ein Ziel haben, selbständig, unabhängig, frei zu leben."

Seht, überreich an Ruhm ist Habsburgs Haus; — Wie eine Sonne strahlt es unter Sternen. — Drum löschet nie sein Heldenfeuer aus, — Es leuchtet rettend noch in dunklen Fernen. — Und wär' sein Gang getrübet, traut dem Wort: — Der Herr der Herr'n schützt Öst'reich fort und fort!

Mit dem Eintritt Österreichs in den Befreiungskampf war dessen Erfolg entschieden. Österreich nahm im Bunde mit Preußen und Rußland zweifellos die erste Stelle ein. Das anerkannten die beiden anderen Verbündeten, indem sie Österreich die Ehre der Führung überließen. Fürst Karl Schwarzenberg war als Vertreter des Kaisers Franz der Generalissimus aller drei verbündeten Heere. Graf Radetzky, der später so beliebte Soldatenvater, entwarf als Leiter des Generalstabes die Pläne für den Feldzug und für die Schlachten.

Vergebens versuchte Napoleon noch einmal, in Böhmen einzubrechen. Sein Angriff wurde zurückgewiesen. Bald stand er mit seiner Macht in Leipzig eingeschlossen von den Heeren der drei Verbündeten. Noch wogte durch mehrere Tage dort die Schlacht mit abwechselndem Erfolge vom 14. bis 18. Oktober. Noch immer war Napoleons Kriegskunst, seine List, seine Rücksichtslosigkeit zu fürchten. Noch immer war die Macht, über die der Franzosenkaiser verfügte, so groß, daß er auf den Sieg rechnen konnte. Zudem hatte er den Vorteil der einheitlichen Leitung. Er war nur sich selber verantwortlich, während sein Gegner Schwarzenberg drei Herren zu berücksichtigen hatte. Auf Seite Napoleons stand der Erfolg so vieler Siege. Man kann sich die Spannung der Welt, die Aufregung aller Beteiligten nicht groß genug vorstellen. Schwarzenberg schrieb an seine Gattin kurz zuvor: „Die Schlacht muß mehrere Tage dauern, denn die Lage ist einzig und die Entscheidung von unendlichen Folgen. Wenn ich zu meinem Fenster hinaussehe und die zahllosen Wachfeuer zähle, wenn ich bedenke, daß mir gegenüber der größte Feldherr unserer Zeit steht, dann ist es mir, als seien meine Schultern zu

Der Sieg bei Leipzig. Gemälde von P. Kraußt.

Fürst Schwarzenberg, der Generalissimus, kommt auf dem Schimmel herbeigesprengt und kündigt den drei Monarchen den Sieg an. Kaiser Franz, in weißer Uniform, steht zwischen dem Zaren und dem König von Preußen. Im Hintergrund links die Türme von Leipzig. Im Vordergrund österreichische Soldaten.

Dekorierung
mit dem Eisernen Kreuz.

schwach. Blicke ich aber zu den Sternen, so denke ich, daß der, welcher sie leitet, auch meine Bahn vorgezeichnet hat. Ist es sein Wille, daß die gerechte Sache siege, so wird seine Weisheit mich erleuchten und seine Kraft mich stärken. Ist es der Wille der Vorsehung, daß sie unterliege, so ist mein persönliches Mißgeschick die geringste der traurigen Folgen. Überlebe ich es, so werde ich in Deinen Augen nicht kleiner, nicht wertloser deshalb erscheinen. Im Falle des Gelingens, wie in dem des Mißlingens, habe ich im voraus meine Eigenliebe bekämpft und nicht das Urteil der Welt wird mich lohnen oder strafen. Geht alles gut, so will ich mich einst bei Euch an meinem Bewußtsein erfreuen und wir wollen dann wieder unsere Bäume pflanzen und pflegen. Nun denn, an Dich will ich denken, emporblicken gegen den Himmel, um seinen mächtigen Schutz zu erbitten, und dort wird mein Gebet das Deine finden." Das ist eine Gesinnung, würdig eines alten Römers, würdig eines deutschen Christen. Der Fürst gelobte sich mitten im Tumulte der Schlacht, jedem Ruhm zu entsagen, wenn nur

„Kanonenkreuz" für die Teilnehmer an den Feldzügen in den Jahren 1813 und 1814.

der Sieg errungen würde. — Und der Sieg wurde von den tapferen Heeren errungen. Sie gingen mit frohen Kriegsliedern in den Kampf:

Frisch, Kameraden, in das Feld,
Weil der Kaiser rufet!
Alles sich in Waffen stellt
Und die Feinde suchet.
Jetzt führt uns Kaiser Franz
Auch in den Waffentanz.
Napoleon muß auch aus Deutschland heraus,
Er hat ja beraubt auch das kaiserlich Haus.

Schon nach der früheren siegreichen Schlacht von Kulm erklang es fröhlich:

Ei, das Spiel das gehet schön,
Kommt ja Sieg auf Siege!
Bei Kulm fiele der Vandamme
Von der Glückesstiege.

Gelt, Kaiser Napoleon,
Jetzo lernst das Springen!
Kaiser Franz, der zeigt dir schon,
Wie man dich kann zwingen.

Der endliche Erfolg der mehrtägigen Schlacht bei Leipzig ist das Hauptverdienst des österreichischen Heerführers und seines Generalstabes. Schwarzenberg befolgte in der Kriegführung dieselbe Methode wie Metternich in der Politik. Nach zwanzigjährigem Ringen hatte es sich herausgestellt, daß der genialen Kriegstechnik Napoleons nur mit außerordentlichen Mitteln beizukommen war. Man durfte Napoleon nicht dort angreifen, wo er sich selber die Bedingungen zur Schlacht aussuchen konnte. Man mußte ihm ausweichen, man mußte ihn sich erschöpfen lassen, man durfte nur mit seinen unfähigeren Unterfeldherren anbinden, und so konnte man durch Einzelgefechte die Gesamtmacht des Feindes schwächen. Man mußte den gefährlichen Gegner schließlich durch vorsichtige Manöver in eine Stellung locken, wo nicht mehr er, sondern die Verbündeten ihm die Bedingungen des Kampfes vorschreiben konnten. Darum Schwarzenbergs langes Zögern, das gar wohl berechtigt war. Man hat es ihm damals mit Unrecht vorgeworfen. Durch unkluges Draufgehen hätten die Verbündeten wieder, wie so oft in früheren Kriegen, ihr Schicksal aufs Spiel gesetzt. Österreichische Staatskunst und österreichische Kriegskunst hat dies nunmehr verhindert.

Josef Graf Radetzky.

Josef Wenzel Graf Radetzky de Radetz, geboren am 2. November 1766, begann seine militärische Laufbahn schon 1788 im Türkenkrieg unter Kaiser Josef II. Nach der Schlacht von Aspern wurde er Feldmarschalleutnant. Als Generalquartiermeister bereitete er das Heer zu den Siegen der Befreiungsschlachten vor. Er entwarf den Plan der Feldzüge und Schlachten. Er starb nach ruhmvollen Taten am 5. Januar 1858.

Mit aller Vorsicht, die dem entscheidenden Schlag gebührte, lenkte Schwarzenberg die Zurüstungen zur Schlacht. Napoleons Heer hatte die Stadt Leipzig besetzt. Die Verbündeten zogen von allen Seiten heran und schnürten Napoleons Bewegungsfreiheit immer mehr ein. Schon am 14. Oktober kam es zu einem Reitergefecht der Österreicher mit den Franzosen, das nur eine Vorprobe der zu erwartenden furchtbaren Kämpfe war. Es war ja in der Tat eine Völkerschlacht. Unter Schwarzenbergs Befehl kämpften Deutsche, Ungarn, Russen und Slawen aller Stämme, Schweden und Engländer gegen Franzosen, Italiener, Spanier, Portugiesen, Belgier, Niederländer, Schweizer, Polen und Rheinbunddeutsche. Am 15. Oktober kamen die Preußen unter Blücher heran und von beiden Seiten rüstete man sich zur Entscheidungsschlacht des 16. Oktobers. Schwarzenberg erließ diese Ansprache an die vereinigten Heere: „Wackere Krieger! Die wichtigste Epoche des heiligen Kampfes ist erschienen, die entscheidende Stunde schlägt. Bereitet euch zum Streite! Das Band, das mächtige Nationen zu einem großen Zweck vereint, wird auf dem Schlachtfelde enger und enger geknüpft. Russen, Preußen, Österreicher! Ihr kämpft für die Freiheit Europas, für die Unabhängigkeit eurer Sache, für die Unsterblichkeit eurer Namen. Alle für einen — jeder für alle! Mit diesem erhabenen, mit diesem männlichen Rufe eröffnet den Kampf! Bleibt ihm treu in der entscheidenden Stunde und der Sieg ist euer!" In der großen Entscheidungsschlacht am 16. Oktober stellte sich Napoleon selber der südlichen Armee Schwarzenbergs gegenüber. Er wollte hier durchbrechen; der Zusammenstoß war fürchterlich. Aber Napoleons Absicht mißlang, dank der Vorsicht und Kaltblütigkeit Schwarzenbergs. Dieser hatte sich bei sich selber mitten im schreckenvollsten Tumult das Gelübde getan, jedem Ruhm des Siegers zu entsagen, wenn ihm nur der Sieg gelänge. Die Größe dieser Gesinnung, die alles für die Sache, nichts für die eigene Person will, ist wahrhaft erhaben und nur eine solche Gesinnung konnte unter so ungeheuren Schwierigkeiten den Erfolg erringen. Zu gleicher Zeit siegte Blücher im Norden über die dort aufgestellten Heeresteile der Franzosen. Napoleon erkannte die Schwierigkeit seiner Lage und versuchte am 17. Oktober Unterhandlungen anzuknüpfen. Aber Kaiser Franz, der mit seinen Verbündeten, dem König von Preußen und dem Zaren von Rußland, in der Nähe des Schlachtfeldes war, ging nicht auf die Bedingungen Napoleons ein und wollte sich auch nicht von seinen Waffenbrüdern trennen lassen. So mußte denn noch am 18. Oktober eine Schlacht geschlagen werden; Napoleon kämpfte da nicht mehr um den Sieg, sondern um die Sicherung des Rückzuges, den er bereits notgedrungen beschlossen hatte. Aber dieser Rückzug nach einem wiederum verlorenen Schlachttag gestaltete sich höchst verderblich für die Franzosen. Zudem traten die Sachsen, die sehr ungern im Heere Napoleons dienten, während der Schlacht zum Heere der Verbündeten über. Am 19. Oktober wurde der Sieg durch die Erstürmung und Besitznahme von Leipzig seitens der Verbündeten vollendet. Die Verluste waren bei beiden Teilen ungeheuer, denn man war sich beiderseits wohl bewußt, was auf dem Spiele stand und setzte alle Kräfte ein. Für die Verbündeten hätte eine Niederlage dauernde Knechtung bedeutet, jedenfalls eine unnennbare Schmach für den deutschen Namen, eine Zerstörung des deutschen Volkes und der deutschen Kultur, die immerwährende Zerrissenheit und Fremdherrschaft. Für Österreich wie für Preußen wäre es die Vernichtung eigenen staatlichen Lebens geworden; beide Reiche hätte Napoleon unter seine Verwandten und Generale als Beute verteilen können. Die Geschichte Europas hätte eine Wendung genommen, deren Umfang gar nicht abzusehen ist. Schwarzenberg erkämpfte vor Leipzig die Freiheit für Österreich und Preußen, er sicherte die Zukunft dieser beiden Staaten, er rettete deutsches Volkstum vor der Vernichtung.

Die Schlacht bei Leipzig war eine der größten Entscheidungen der Weltgeschichte. Es war nicht eine Schlacht, sondern eine ganze Reihe von Schlachten. Die ganze Gegend um die Stadt Leipzig herum war eine Reihe von Schlachtfeldern, auf denen tagelang mit größter Erbitterung gekämpft wurde. Es kam vor, daß eine Stellung fünfmal erstürmt und fünfmal verloren wurde. Die Geschütze donnerten so unaufhörlich über die Walstatt, daß man nicht einzelne Schüsse oder einzelne Salven, sondern ein tosendes Gewitter krachen hörte. Die Erde bebte weithin. Die Kämpfenden hatten das Gefühl, daß

Einzug Franz' I. in Wien 1814.

Der Einzug fand am 16. Juli 1814 statt. Der Triumphbogen stand vor dem Kärntnertor. Er war das letzte Werk des genialen Architekten Joh. Ferd. Hetzendorf von Hohenberg, der in seiner Jugend 1775 die wunderschöne Gloriette oberhalb Schönbrunn gebaut hatte. – Im Hintergrund die Stadt Wien. – Vorn zahlreiche Volkstypen.

Gebhart Leberecht von Blücher.

alles zugrunde gehen müßte. Lange wogte die Entscheidung hin und her. Es schien, als ob sich der Sieg nur auf die furchtbarste Weise von dem großen Sieger trennen könne.

In den ersten Tagen vor Leipzig da hieß es:

Und als wir vor Leipzig sein kommen, — Franzosen, die stunden bereit, — Kanonen, die hört man brummen, — Es donnert weit und breit. — Frisch auf, ihr Kinder, und zeiget, — Daß ihr Öst'reicher seid — Und gegen Franzosen streitet, ju, ja, streitet, — Daß sich es der Kaiser erfreut. — Wir wollen den Feind attackieren, — Frisch! Unser General rief. — Wir konnten es nicht ausführen, — Das Wasser, das war so tief.

Aber dann fährt das Lied triumphierend fort:

Und als zwei Tag' sein vergangen,
Geschah eine große Schlacht,
Darin ist geschlagen, gefangen
Napoleons stolze Macht.

Bei Leipzig, da ist es geschehen,
Bei Leipzig, der edlen Stadt,
Wo Gott uns tät beistehen,
Und ihn gezüchtigt hat.

Und zum Schlusse erklingt es laut:

Frisch auf und Sieg geblasen,
Trompeter, ins weite Land!
Franzosen, die sind geschlagen,
    ju, ja geschlagen
Von der Alliierten Hand.
Öst'reicher Dragoner, die fahren
Als wie der Sturmwind darauf,

Davon in ganzen Scharen
Franzosen kommen in Lauf.
Der König von Preußen kniet
    nieder.
Dazu das ganze Heer.
Nun singet Dankeslieder:
Gott sei allein die Ehr'!

Über diese „heilige Begebenheit" nach der Schlacht bei Leipzig heißt es in einem gleichzeitigen Bericht: „Als der Feldmarschall Fürst von Schwarzenberg durch die Niederlage und Flucht des Feindes die Schlacht entschieden sah, sprengte er im strengsten Galopp von dem Kampfplatze, um seinem Souverän die erste Nachricht von dem glorreichen Siege zu überbringen. Die drei Monarchen befanden sich kaum eine halbe Stunde vom Schlachtfeld entfernt auf einer Anhöhe. Der Feldmarschall eilte auf sie zu, salutierte mit dem Degen in der Faust und sprach zu dem Kaiser, seinem Herrn: ‚Die Schlacht ist geendet, der Feind, auf allen Seiten geschlagen, flieht und der Sieg ist in unseren Händen!' — Ein Blick zum Himmel und eine Träne im Auge war die Antwort. In demselben Augenblicke stieg der Kaiser vom Pferde, legte Hut und Degen auf die Erde, kniete nieder, hob die Hände hoch empor und dankte Gott mit lauten Worten. Diesem frommen Beispiele folgten der Zar von Rußland und der König von Preußen. Kniend und mit geneigtem Haupte sprachen sie: ‚Bruder, der Herr ist mit dir!' Und plötzlich sank auch die sämtliche Generalität auf die Knie. Es war ein herzergreifender Anblick, die drei gekrönten Häupter mit ihrem Generalstabe und ihren Garden unter Gottes freiem Himmel kniend dem Herrn der Heerscharen danken zu sehen. Eine feierliche Stille herrschte nun. Auf einmal riefen hundert Stimmen wie aus einem

Die drei Monarchen bei der Taborbrücke 1814.

Der Empfang geschah am 25. September 1814 in den Auen an der Taborlinie jenseits der Brücke. Im Hintergrunde rechts Wien und der Stephansturm. Ganz im Vordergrund steht Kaiser Franz in der Mitte; der Preußenkönig hält seine Rechte, der Zar (in Reitstiefeln) seine Linke. Das ist der Beginn des Wiener Kongresses.

Munde: „Der Herr ist mit ihm!" Tränen flossen über die Wangen der anwesenden Krieger, bei denen der Eindruck, mit dem dieser heilige Akt auf sie wirkte, lebenslänglich unverlöschbar sein wird. Bewunderungswürdig war es, daß die zügelfreien Pferde während dieser imposanten Feierlichkeit, ohne einen Hufschlag zu tun, ruhig neben ihren Reitern standen. Bald war die heilige Handlung im ganzen Lager bekannt und freiwillige Korps bildeten sich zu einer furchtbaren Avantgarde. Einstimmig erscholl im ganzen Lager der alliierten Mächte in den verschiedenen Muttersprachen derselben das Losungswort: „Der Herr ist mit uns!" Und noch in der Nacht wurde der fliehende Feind verfolgt." Davon singt auch das Volkslied:

Kaiser Franz schwor bei seinem Leben,   Alle Franzosen zu erschießen
Preußens König stimmt mit ein,   Und zu jagen nach Frankreich hinein.
Die Allianz auf ewig zu schließen,

    Furchtbar war der Rückzug Napoleons. Er war nicht gewohnt, besiegt vom Schlachtfeld zu gehen und hatte daher für diesen Fall keine Vorbereitungen getroffen. Die Verwirrung war ungeheuer. Napoleon selber konnte sich kaum durch dies Chaos Bahn schaffen. Die Brücke über die Elster wurde aus Furcht vor den nachdrängenden Kosaken zu früh in die Luft gesprengt. Viele Flüchtlinge ertranken, so der Pole Poniatowski. Alle Zucht war aufgelöst. Die französischen Soldaten warfen die Gewehre weg und liefen dem Rheine zu.

Medaille auf die Berufung der Landwehr zum Dienst i. J. 1813.

Das Erwachen des deutschen Volksbewußtseins.

Wir unterbrechen hier die Erzählung, um zu zeigen, wie in diesen Zeiten der Not und Gefahr, da das deutsche Volk vor dem Untergange stand, das nationale Bewußtsein aufflammte, wie nie zuvor, und in den Dichtern der Zeit unvergängliche Worte der Begeisterung erweckte. Wir haben schon gesehen, wie dies Bewußtsein zuerst in den Kriegen Österreichs gegen Frankreich zum volkstümlichen Ausdruck kam, besonders in den Jahren 1797, 1805, 1809. Österreich war in all dieser Zeit die Hoffnung der deutschen Nation; von Österreich ging die entscheidende Anregung aus, nach Österreich wandten sich die Herzen aller deutschen Patrioten. In Österreich gibt das treuherzige Volkslied von diesem Aufschwung Zeugnis. Es gibt kaum etwas Innigeres als diese Schlachtenlieder seit dem berühmten Spingeser Schlachtlied aus den Tiroler Kämpfen von 1797. Seit 1809 und 1813 nahm die deutsche Kunstdichtung diese Töne auf, nachdem sie zuvor allzu weltabgewandt in den starren Schönheitsformen der alten Griechen sich gefallen hatte. Eine neue romantische Begeisterung leitete so eine ganz neue Kulturperiode ein. Wie Collin und Friedrich Schlegel in Wien dafür gewirkt haben, ist schon angedeutet worden. Ebenso wie der Preuße Kleist in diese Töne miteinstimmte.

Unmittelbar vor dem letzten Befreiungskampf dichtete hier in Wien der edle Theodor Körner, ein geborner Sachse, als Theaterdichter am Burgtheater tätig. Von hier aus zog er mit seinen Freunden,

Theodor Körner.

Karl Theodor Körner, geboren am 23. September 1791 zu Dresden, kam 1811 nach Wien, wurde als Hoftheaterdichter angestellt, verlobte sich mit der Wiener Schauspielerin Antonie Adamberger, stellte sich beim Ausbruch des Krieges 1813 unter die preußischen Fahnen und fiel am 26. August 1813.

dem Dichter Eichendorff und dem Maler Veith, ins Feld, im März
1813. Die patriotische Lyrik der Liederreihe „Leyer und Schwert"
wurzelt noch im Boden von Wien, wo Körner seine Braut zurück-
ließ. Er hat Andreas Hofer besungen und, wie wir schon gehört
haben, das Schlachtfeld von Aspern:

Schlachtfeld, wo der Todesengel würgte,
Wo der Deutsche seine Kraft verbürgte,
Heil'ger Boden, dich grüßt mein Gesang. —
Überall im großen Vaterlande,
Von der Ostsee bis zum Donaustrande,
Macht dein Name alle Herzen weit.
Aspern klingt's und Karl klingt's siegestrunken,
Wo nur deutsch die Lippe lallen kann.
Nein, Germanien ist nicht gesunken,
Hat noch einen Tag und einen Mann.
Und so lange deutsche Ströme sausen,
Und so lange deutsche Lieder brausen,
Gelten diese Namen ihren Klang.
Was die Tage auch zerschmettert haben:
Karl und Aspern ist ins Herz gegraben,
Karl und Aspern donnert im Gesang.

Josef von Eichendorff.

Im weiteren Verlauf des gewaltigen Gedichts führt Körner aus,
daß den Helden von Aspern das höchste Denkmal gebühre. Er ruft
Deutschland, Germania, auf, sich selbst zu ehren:

Aus Könneckes
Bilderatlas.

Auf den Feldern, wo die Adler sanken, — Türme
deines Ruhmes Monument!

Dies Monument müßte alle andern
überragen, die Dichtern oder Gelehrten
gesetzt werden:

Sich umher bei fremden Nationen, — Wie sie
dort ein mutig Werk belohnen! — Jeder Sieg aus
dunkler Wissenssphäre — Drängt sich in das Pan-
theon der Ehre. — Aber gibt es einen Preis im
Leben, — Wo hinan nicht dieser Kampf gereicht? —
Gut und Blut für Volk und Freiheit geben:
— Nenn die Tat, die sich der Tat vergleicht! —
Drum, mein Volk, magst du den Aufruf hören! —

Ernst Moritz Arndt.

Öst'reich, deine Toten sollst du ehren! — Wer zum deutschen Stamme sich bekennt, — Reiche stolz und freudig seine Gabe, — Und so baue sich auf ihrem Grabe — Ihrer Heldengröße Monument, — Daß es die Jahrhunderte sich sagen, — Wenn die Mitwelt in den Strudel sank: — Diese Schlacht hat d e u t s ch e s V o l k geschlagen, — Dieser Stein ist d e u t s ch e n V o l k e s Dank.

Ein Denkmal der Befreiungskriege, wie es Theodor Körner für Aspern verlangt hat, wird nun bei L e i p z i g an der Stelle der Völkerschlacht errichtet. Wir geben es auch im Bilde wieder und bemerken, daß dem österreichischen Künstler Franz Metzner der plastische Schmuck dieses Riesenmonuments zu verdanken ist.

In einem andern Gedicht schildert Körner ein Begebnis aus der Geschichte der Schlacht von Aspern, wie einer der Tapfern vorwärtsstürmt:

Da pfeift eine Kugel durch seine Brust,
Daß gleich das Auge brechen mußt';
Doch hat er mit der letzten Kraft
Den letzten Atem zusammengerafft
Und ruft und stürzt zu Boden gleich:
„H o ch l e b e d a s H a u s Ö s t e r r e i ch!" —
Der Adler sinkt, die Fahne fliegt.
Heil dir, mein Volk, du hast gesiegt!

Dem Sieger von Aspern, „d e m g e r m a n i s ch e n H e l d e n", widmet er diese Heldenlieder. Im Gesange nimmt er also Abschied von Wien, eh er in den Kampf geht:

Leb' wohl! Leb' wohl! — Mit dumpfen Herzensschlägen — Begrüß' ich dich und folge meiner Pflicht... — Was ich so oft gefeiert mit Gesang, — Für Volk und Freiheit ein begeistert Sterben: — Laßt mich nun selbst um diese Krone werben!... — Laßt mich der Kunst ein Vaterland erfechten, — Und gält es auch das eigne wärmste Blut!

Indem Körner dem Aufruf zum Kriege folgt, singt er:

Frisch auf, mein Volk, die Flammenzeichen rauchen! — — Das höchste Heil, das letzte, liegt im Schwerte. — Der Freiheit eine Gasse! — — Es ist kein Krieg, von dem die Kronen wissen: — Es ist ein Kreuzzug, ist ein heil'ger Krieg. — Recht, Sitte, Tugend, Glauben und Gewissen — Hat der Tyrann aus deiner Brust gerissen; — Errette sie mit deiner Freiheit Sieg!

Als Körner bald darauf, im Gefecht bei Kitzen am 17. Juni verwundet, nach Österreich zurückkehrte, um von seinen Freunden in Karlsbad gepflegt zu werden, da begrüßte er also Österreichs Doppeladler, der ihm an der Grenze zwischen Sachsen und Böhmen, Sieg und Trost verheißend, wieder entgegenleuchtete:

Sei mir gesegnet, heilig Doppelzeichen! — Ja, hier beginnst du, freies Land der
Eichen. — Da find' ich dich, schön wie im Land der Dichtung. — Zween Blitze glüht
der Augen Doppelrichtung, — Der Freiheit Sieg, der Tyrannei Vernichtung. —
Frisch auf, Habsburg! Der Teufel muß erliegen. — Gott ist mit dir, wo deine
Banner fliegen. — Hoch, Öst'reich, hoch! Dein Schwert, dein Karl wird siegen.

Die unvergänglichen Kriegslieder, die Körner vor seinem frühen
Heldentod sang, sind in aller Munde: „Ahnungsgrauend, todes=
mutig bricht der große Morgen an"; „Vater, ich rufe dich!" „Was
glänzt dort vom Walde im Sonnenschein?" „Hör' uns, Allmächtiger!"
„Das Volk steht auf, der Sturm bricht los." „Du Schwert an meiner
Linken!" und so weiter —!

Mit Körner war gleichzeitig Josef von Eichendorff aus unserm
Wien zum Befreiungskampf des Jahres 1813 gezogen. Auch er hat
die Begeisterung für Deutschtum und Freiheit mit der Liebe zu Öster=
reich und Wien allzeit verbunden. Als er 1814 auf der Feldwacht
stand im Krieg gegen Napoleon, da schweifte seine Phantasie nach
der schönen Kaiserstadt herüber:

Wolken da wie Türme prangen,
Als säh ich im Duft mein Wien

Und die Donau hell ergangen
Zwischen Burgen und das Grün.

Und er singt das herzinnige Wanderlied:

Die treuen Berg' stehn auf der Wacht:
Wer streicht bei stiller Morgenzeit
Da aus der Fremde durch die Heid'?
Ich aber mir die Berg' betracht'
Und lach' in mich vor großer Lust
Und rufe recht aus frischer Brust
Parol' und Feldgeschrei zugleich:
           Vivat Österreich!
Da kennt mich erst die ganze Rund',
Nun grüßen Bach und Vöglein zart
Und Wälder rings nach Landesart,
Die Donau blitzt aus tiefem Grund,
Der Stephansturm auch ganz von fern
Guckt übern Berg und säh mich gern,
Und ist er's nicht, so kommt er doch gleich —
           Vivat Österreich!

Josef Görres.

Der dritte in diesem Freundschaftsbunde, der Maler Philipp Veith, der Stiefsohn Friedrich Schlegels, hat auch unserm Wien ein rührendes Denkmal der Befreiungskriege gestiftet. Im Getümmel der Leipziger Schlacht hat er ein Muttergottesbild zu malen gelobt und er hat es dann in die alte kleine Kirche zu Heiligenstadt gestiftet, wo es noch hängt; es trägt auf der Rückseite eine bezeichnende Inschrift.

Bedeutsam ist das Wirken des deutschen Vaterlandssängers Max von Schenkendorf. Schon im Jahr 1807 erkennt er es:

Und der Krieg ist Gottes Krieg. — Soll der Heiland seine Welt erlösen, — Muß das Gute kämpfen mit dem Bösen.

Bei der Gefangenschaft des Papstes 1810 entringt sich ihm dies Gebet:

Hör' auf deines Volkes Flehen,
Heiland, laß vorübergehen
Deiner Kirche Todeswehen!

Heinrich von Collin.   Heinrich von Kleist.

Aus Könneckes Bilderatlas.

Im Landsturm des Jahres 1813 sang er: „Ich zieh' ins Feld für meinen Glauben, für aller Welten höchstes Gut... Ich zieh' ins Feld für ew'ges Leben, für Freiheit und uraltes Recht... Ich zieh' ins

Feld für Deutschlands Ehre." Und ferner: „Ich bin Student gewesen, nun heiß' ich Leutenant." Und das Kriegslied:

Wie lieblich klang das Heergebot,
Die hohen Fahnen wallen!
Wir lassen laut in Schlacht und Tod
Das Feldgeschrei erschallen:
Mit uns ist Gott in diesem Krieg,
Er sendet Segen, sendet Sieg.

Vor allem aber ruft Schenkendorf im Juli 1813 dem Kaiser Franz von Österreich zu und dem ganzen Haus Habsburg:

Deutscher Kaiser, Deutscher Kaiser!
Komm zu rächen, komm zu retten!
Löse deiner Völker Ketten,
Nimm den Kranz, dir zugedacht!
Kannst ja doch nicht von uns lassen;
Schworst ja bei der Furt am Maine,
Dich zu ein'gen dem Vereine
Alter Väterherrlichkeit.
Schau, wir halten treu am Bunde,
Unser Hoffen, unser Sehnen
Ruft nicht Schweden, meint nicht Dänen,
Will nur dich, und uns, und Gott.
Komm in deiner heil'gen Rüstung!
Segnend winken, zürnend mahnen
Dich die kaiserlichen Ahnen,
Rufen dich zur Völkerschlacht.
Mild wie Hirten, stark wie Felsen,
Stieg er von den Alpen nieder,
Gab dem Reich den Kaiser wieder,
Rudolf, deines Hauses Hort.
Preis dem wackern Gemsenjäger,
Ruhm in Fehden, Ruhm in Frieden,
In Gedichten Ruhm beschieden
Dir, so ritterlicher Max!
Als das heil'ge Reich sich trennte,
Niedersanken alte Festen,
Blinder Irrtum zwang die Besten
Dreißig bange Jahre lang,
Achtend nicht der zarten Kindlein,
Priester halb und halb ein Ritter,
Glaubensfels im Ungewitter,
Stand der fromme Ferdinand.

Karoline Pichler.

Deutscher Kaiser, Deutscher Kaiser!
Säumst du, schläfst du? Auf, erwache!
Komm zur Sühne, komm zur Rache —
Sei ein Rudolf, sei ein Karl!
Ruf' uns in des Reiches Namen,
Lenk' uns mit den alten Fahnen,
Auf des deutschen Adlers Bahnen
Blüht uns immer noch der Sieg.
Was du lenkest, was du herrschest,
Alle folgen froh und willig,
Alle finden's recht und billig,
Ausfluß höchster Majestät.

Schone nimmer der Empörer;
Bann und Acht ob ihrem Leben!
Blitzesstrahlen sind gegeben
Dir in kaiserliche Hand.

Wirf nicht fort, was Gott geboten:
Wieder auf entführtem Throne,
In der alten heil'gen Krone,
Sei der Stern der Christenheit!

Schenkendorf wußte damals noch nicht, daß Kaiser Franz längst den Krieg beschlossen hatte, ja, daß Preußen nur deshalb wagen konnte, den Krieg zu beginnen, weil es der Mithilfe und Treue Österreichs sicher war. Damals sang auch der Dichter jenes hohe Lied an die Freiheit:

Freiheit, die ich meine
Die mein Herz erfüllt,

Komm mit deinem Scheine
Süßes Engelbild.

Wieder ruft er 1814 dem Haus Habsburg zu:

Herrsche denn, du deutsches Wesen,
Stamm, den jeder liebend nennt ...
Wo einst Rudolfs Haus gestanden,

Ruft dir alles liebend zu:
Hier, im Haupt von deutschen Landen,
Deutscher Stamm, hier herrsche du!

Auch den frommen Sandwirt von Passeier hat er besungen und die Kaiserin Maria Ludowika von Österreich, die 1816 starb, wenige Jahre nach dem Tod der Königin Luise von Preußen:

Glorreich ist auch sie erhoben
In das ew'ge Friedensland,
Nun von beiden Frau'n gewoben
Wird ein wunderbares Band.
Die ihr noch zu ihren Füßen
Wandelt in dem Deutschen Reich,

Schaut, wie sie sich droben grüßen,
Völker, und umarmet euch!
Franz und Wilhelm, Völkerhirten,
Fragt ihr, was das Schicksal meint?
Eure Lorbeern, eure Myrten,
Eure Palmen blühn vereint!

In der Tat war die Kaiserin Maria Ludowika der Mittelpunkt der Partei des kriegerischen Widerstandes gewesen, schon seit 1809. Ihrer muß als eines Engels der nationalen Erhebung immer mit Dankbarkeit gedacht werden.

Mit diesen Klängen verweben sich die Töne des anderen Vaterlandssängers, Ernst Moritz Arndt. Der glühende deutsche Patriot hatte schon in den Jahren 1798 und 1799 Österreich und Ungarn bereist und seine Eindrücke 1802 veröffentlicht. Er hat in enger Verbindung mit dem Freiherrn von Stein durch seine Schriften die Befreiung vorbereitet. Wer kennt nicht sein 1812 entstandenes Vaterlandslied: „Der Gott, der Eisen wachsen ließ, der wollte keine Knechte!"

O Deutschland, heil'ges Vaterland!
O deutsche Lieb' und Treue!
Du hohes Land, du schönes Land,
Dir schwören wir aufs neue!...
Und hebt die Herzen himmelan
Und himmelan die Hände,

Und rufet alle Mann für Mann:
Die Knechtschaft hat ein Ende!...
Auf, fliege, stolzes Siegspanier,
Voran den kühnen Reihen!
Wir siegen oder sterben hier
Den süßen Tod der Freien.

„Was ist des Deutschen Vaterland?" fragte der Sänger 1813. „Ist's Preußenland, ist's Schwabenland? Ist's Bayerland, ist's Steyerland?... Gewiß, es ist das Österreich, an Ehren und an Siegen reich!" Aber er schließt: „Das ganze Deutschland soll es sein!... So weit die deutsche Zunge klingt und Gott im Himmel Lieder singt... Das soll es sein; das, wackrer Deutscher, nenne dein!" Jubelnd besingt er die Leipziger Schlacht:

Die Russen, die Schweden, die tapferen Preußen — Und die nach dem glorreichen Öst'reich heißen, — Die zogen all aus.

Friedrich Rückert.

Klemens Brentano.

Ludwig Uhland, der liebenswürdige schwäbische Dichter, der biedere Kämpfer für vaterländisches Recht und Freiheit, reiht sich rühmlich all diesen Sängern mit dem innigen Vaterlandslied an:

Theodor Körners Wohnhaus.

Dir möcht' ich diese Lieder weihen,
Geliebtes deutsches Vaterland!
Denn dir, dem neuerstandnen, freien
Ist all mein Sinnen zugewandt.

Doch Heldenblut ist dir geflossen,
Dir sank der Jugend schönste Zier:
Nach solchen Opfern, heilig großen,
Was gälten diese Lieder dir?

Während des Kampfes rief er allen Verbündeten sein „Vorwärts" zu, namentlich Österreich, das im Bewußtsein der deutschen Nation immer als das ehrenvolle, siegreiche, gewaltige dastand:

Auf, gewalt'ges Österreich!
Vorwärts! Tu's den andern gleich!

Auch er wußte nicht, daß Österreich längst den ganzen Befreiungsplan mit sicherer Hand lenkte und keiner Aufforderung bedurfte.

Mächtig ließ Friedrich Rückert seine „Geharnischten Sonette" erschallen und rief damit gewaltig zum Befreiungskampf; aber er besang damals auch die Vorbilder dieser Erhebung in Tirol von 1809: den Andreas Hofer, dessen Geist er also zu Österreich sprechen läßt:

Ich hab' als treuer Hüter,
Nachdem ich längst erblich,
Behütet die Gemüter,
O Österreich, für dich.

Als Geist bin ich geschritten
Stets dies mein Land hindurch
Und habe unbestritten
Bewahrt dir deine Burg.

Er besingt auch den „Kapuziner Haspinger mit seinem roten Bart... sein Name sei bewahrt". Und den Speckbacher mit seinem kleinen Buben, der die verschossenen Kugeln sammelt. An Habsburgs Adler richtet er die Mahnung:

Adler, der du hast genistet
Lang auf deutscher Eiche Stamm, ...

Willst nicht in den alten Kronen,
Alter Adler, wieder wohnen?

Er besingt auch die „vier Namen" seiner Geistesgenossen: Arndt, Jahn, Görres und Schenkendorf. Von der Schlacht von Leipzig singt er:

Übergabe der Stadt Paris am 31. März 1814.

Der französische Marschall, der mit abgezogenem Hut die Kapitulation ankündigt, ist Marmont. Vor ihm stehen Schwarzenberg, in der Mitte der Zar, zu dessen Linken der König von Preußen. In Wirklichkeit trug sich die Sache nicht so theatralisch zu. Links im Hintergrund Paris. Gegen rechts der Montmartre.

Kann denn kein Lied
Krachen mit Macht,
So laut wie die Schlacht
Hat gekracht um Leipzigs Gebiet?

Josef Görres hat die Sache der Befreiung durch seine Zeitschrift „Der Rheinische Merkur" so kräftig gefördert, daß Napoleon deren Einfluß wie den einer fünften Weltmacht empfand, die gegen ihn auftrat neben Österreich, Preußen, Rußland und England. So groß war bereits die unwiderstehliche Macht des deutschen Nationalbewußtseins geworden.

Kaum minder groß war der Einfluß des „Turnvaters" Friedrich Ludwig Jahn, besonders durch sein schönes Buch „Deutsches Volkstum". Er sagt von den früheren Bruderkämpfen Österreichs und Preußens: „So balgen und raufen sich Jugendgespielen und felsenfest steht dann die Männerfreundschaft auf der frühgefühlten gegenseitigen Kraft." Weiter sagt er: „Vaterländische Geschichte ist Tatenerhalterin des Volkes und Tatenentzünderin durch lebendiges Beispiel."

Selbst der deutsche Dichterfürst Goethe, der sonst über den nationalen Kämpfen schwebende Olympier, konnte sich der allgemeinen Begeisterung nicht entziehen. In dem dramatischen Festgedicht zur Feier des Sieges („Des Epimenides Erwachen") läßt er den Chor also Worte edelster Erhebung singen:

Brüder, auf, die Welt zu befreien!
Kometen winken, die Stunde ist groß.
Alle Gewebe der Tyranneien
Haut entzwei und reißt euch los!
Hinan, vorwärts, hinan!
Und das Werk, es werde getan.

Und ferner zum Schluß ertönt der herrliche Chorgesang:

So rissen wir uns ringsherum
Von fremden Banden los.
Nun sind wir Deutsche wiederum,
Nun sind wir wieder groß.
So waren wir und sind es auch
Das edelste Geschlecht,
Von biederm Sinn und reinem Hauch
Und in der Taten Recht.
Gedenkt unendlicher Gefahr,
Des wohlvergoßnen Bluts,
Und freuet euch von Jahr zu Jahr
Des unschätzbaren Guts!
Nun töne laut: Der Herr ist da!
Von Sternen glänzt die Nacht,
Er hat, damit uns Heil geschah,
Gestritten und gewacht.

Goethe schildert hier im Erwachen des Epimenides sinnbildlich das denkwürdige Erwachen des deutschen Volksbewußtseins zur Befreiungstat.

Wir schließen diesen Überblick über eine reiche Schar deutscher Patrioten mit den Worten eines Österreichers, Jenull. Dieser beantwortet in einer Schrift die Frage: „Wer soll im gegenwärtigen Kriege sich dem Soldatenstande widmen?" also: „Jedermann ohne Unterschied des Standes, des Vermögens, der Kultur und der Beschäftigung muß einem Rufe folgen, welchen das Vaterland an alle patriotischen Söhne ergehen läßt. Die Ehre der österreichischen Staatsbürger fordert es. Wer nicht fühlt, daß es des Ruhmes Blüte ist, in der Schlacht von Leipzig sein Leben für seinen Kaiser und sein Vaterland ausgesetzt zu haben, wer nicht vor Begierde brennt, durch ähnliche Großtaten den kurzen Augenblick seines Lebens zu verewigen, der ist es nicht wert, die Segnungen der Freiheit und das Glück des Friedens zu genießen. Ein altes Wort sagt uns, daß alles ein Eigentum der Tapfern sei. Ehre, Macht, Bürgerwohl und Friede werden nur der gerechten Tapferkeit zu teil."

Einzug der Verbündeten in Paris.

Auf diesem Bilde reitet, nicht ganz den Tatsachen entsprechend, der Zar in der Mitte, der König von Preußen zu seiner Rechten, Schwarzenberg vorn zur Linken. Er ist aber durch seine Armbewegung vom Maler als der kommandierende General ausgezeichnet. Rechts zwei reitende Kosaken.

Der Triumph.

Die gerechte Tapferkeit der Helden war von Erfolg. Schwarzenberg führte das Heer der Verbündeten über den Rhein bis nach Paris. Seine Bescheidenheit glich alle Reibungen aus. Sein Kriegsgefährte, der Preuße Blücher, konnte ihn einst scherzhaft preisen, daß er den Feldzug siegreich vollendet habe, obwohl zwei Kaiser und ein König bei ihm waren. Die österreichische Armee hatte als erste zu Ende Dezember 1813 den Rhein überschritten. Kaiser Franz war überall mit der Volkshymne empfangen worden.

Das Heer sang damals:

Kaiser Franz läßt abermal
In das Feld marschieren,
Mit dem ganzen Heeresschwall
Frankreich attackieren.

Schwarzenberg, der edle Held,
Alles kommandieret,
Und so hat er's angestellt,
Daß Frankreich verlieret.

Napoleon schlug in seiner Verblendung wiederholt die Friedensanbote seines Schwiegervaters, des Kaisers Franz, aus. Er konnte aber durch alle Mittel der Kriegskunst es nicht mehr hindern, daß die Verbündeten siegreich am 31. März 1814 in Paris einzogen, und zwar der Generalissimus Fürst Schwarzenberg als Vertreter des Kaisers Franz in der Mitte zwischen dem Zaren von Rußland und dem Könige von Preußen. Kaiser Franz war absichtlich dem Einzug

Kuriers-Einzug in Wien am 12. April 1814.

ferngeblieben, damit es nicht schiene, als ob er für seine Tochter und für seinen kleinen Enkel eintreten wolle. Er zeigte, daß er das Heil seiner Völker höher achtete als seine Familieninteressen. Napoleon, von seinen Marschällen verlassen, mußte abdanken. Er wurde nach Elba gebracht. Seine Gemahlin und sein kleiner Sohn folgten dem Kaiser Franz nach Wien. Österreich erhielt wieder die ihm entrissenen Gebiete zurück, vor allem das treue Tirol und das Küstenland. Die Länder Österreichs waren in diesen Wirren fest zusammen= gewachsen. Napoleons Macht war wie ein Traum verflogen.

Ungeheuer waren die Gebietsveränderungen gewesen, die Österreich in all diesen Kriegen seit dem Jahre 1792 erfahren hatte. Wiederholt war die gesamte Landkarte von Europa gänzlich verändert worden. Neue Reiche wurden gegründet, alte verschwanden. Napoleon hatte ganz willkürlich mit Kronen, Ländern und Völkern geschaltet. Er hatte alte Dynastien abgesetzt und durch seine Geschwister neue Dynastien eingesetzt. Er hatte wiederholt gedroht, in einigen Jahren sollte seine eigene Dynastie die älteste Europas sein, das heißt, alle andern sollten verschwinden. Er hatte gedroht, Österreich zu zertrümmern und in seine Bestandteile aufzulösen. Es war das Gegenteil eingetreten.

Rückkehr nach Wien.

Wien feierte die triumphierende Rückkehr des Kaisers und seines Heeres mit Jubelfesten, mit Gedichten und Gesängen, mit Triumphbogen, Dankgottesdiensten und festlicher Beleuchtung der Stadt. Dabei drückte sich wieder der patriotische Sinn der Bevölkerung in herzinnigen Inschriften aus:

Ihr Österreicher, jauchzt mit mir;
Der Kaiser Franz ist wieder hier!
Nicht Wien und Österreich allein,
Auch ganz Europa stimmt mit ein.

Willkommen ruft das ganze Land,
Willkommen, Sieger, der bestand,
Beglücke nun dein Kaiserhaus
Und ruh' in Kindesarmen aus!

Sehr richtig hob eine andere Inschrift das entscheidende Eingreifen Österreichs beim Befreiungskampf hervor:

Zum großen Kampf verband
Sich Deutschlands heil'ge Macht;
Doch Franzens mächt'ge Hand
Hat erst den Sieg gebracht.

Eine andere Inschrift lautete:

Das Blatt hat sich gewendet
Und Deutschlands Joch geendet.
Die Leiden sind vorbei,
Wir atmen wieder frei.

Mit klassischem Anklang hieß es:

Agamemnon unsrer Zeit!
Das Geschick hast du versöhnt,
Hast die Völker all befreit,
Dich mit ew'gem Ruhm gekrönt.

Oder eine andere Inschrift:

Im Unglück nicht erliegen,
Im Glücke hochmutsfrei,
Sein eignes Herz besiegen,
Und nur der Pflicht getreu,
Den Feind mit Mut bekriegen,
Ihm Gutes tun dabei,
Es weislich so zu fügen,
Daß fortan Friede sei;
Wer ist der Mann mit diesem Tugendglanz?
Wer sonst als unser guter Kaiser Franz!

Der romantische Dichter Klemens Brentano war um diese Zeit in Wien und sang in seinem Festspiel „Viktoria und ihre Geschwister":

Wir danken dir, o Vater Franz,
Von Herzen danken wir,
Daß wieder in den Waffentanz
Uns führet dein Panier.
Nur drauf und dran für unsern Franz!
Ihr Völker, hebt das Joch!
Schon sinkt der falschen Götzen Glanz,
Der alte Gott lebt noch.
Durch ihn und dich ward wahr, o Franz:
Was Öst'reich will, das kann's.
Dies ist das Lied des Landwehrmanns,
Ein deutscher Sinn ersann's.

Sehr tiefsinnig sprechen in diesem Stück Lippel und Nannerl, die beiden komischen Personen, den Sinn des Ganzen also aus:

Seit ich auf den Kopf gefallen,
Ist mir alles hell und klar,
Ich begreife alles, alles,
Selbst den Segen der Gefahr.
Und auch ich hab' nun verstanden,
Daß der Krieg vom Himmel stammt,
Wenn sich Helden fest verbanden,
Von gerechtem Zorn entflammt.

Die zurückkehrenden österreichischen Heldensöhne jubelten nun den Wienern zu:

Willkommen, treue Brüder, hier!
Welch eine Beute bringen wir,
Die alle glücklich macht.
Der Friede ist's, gefärbt mit Blut,
Erfochten mit gestähltem Mut,
Den wir euch hergebracht.

Das Volksfest im Prater am 18. Oktober 1814.

Nach einem Aquarell von J. Hoechle. Das Fest fand statt zur ersten Jahresfeier der Schlacht bei Leipzig. Die Soldaten wurden an langen Tischen bewirtet. Im Lusthaus (im Hintergrund) tafelten die Monarchen.

Sehr hübsch und gemütlich läßt der Volksdichter Andreas Posch das Denkmal Kaiser Josefs also die neue Siegeszeit begrüßen:

Prophetisch sagt uns dieses Bild: Das Volk soll unter Franzens Schild
Es wird sich alles geben!   Getrost und ruhig leben.

Österreich hatte sich durch seine Haltung in den Befreiungskämpfen unzweifelhaft an die erste Stelle im europäischen Staatenkreise gestellt. Diese unbestreitbare Tatsache kam dadurch zum vollen Ausdruck, daß der große europäische Kongreß zur Neuordnung der seit einem Menschenalter verwirrten Verhältnisse in Wien tagte. Damit war **Kaiser Franz** als der erste Herrscher der Zeit anerkannt und sein Minister **Metternich** als der berufene Leiter der europäischen Politik. Durch diesen Kongreß hat sich auch unser **Wien** als die Hauptstadt der Welt bewiesen. Diese Stellung war wohlverdient durch die ungeheuren Anstrengungen und Opfer, durch die Tapferkeit und Unbeugsamkeit des österreichischen, des Wiener Volkes. Die Haltung der Österreicher war in diesen Zeiten vorbildlich für alle Welt. Diese glänzende Haltung Österreichs leitet eine neue Periode der Weltgeschichte ein. Es hatte sich in diesen Befreiungskämpfen ein „Kaisertum Österreich" gebildet, ein Staat, der eine große Anzahl verschiedener Nationalitäten vereinigte in einer höheren Einheit. Dies Staatswesen hatte sich bewährt, hatte in den furchtbarsten Umwälzungen nicht nur standgehalten, sondern sich am großartigsten entwickelt, sich erprobt und bestärkt. Dieser die Völker einigende Staatsgedanke bewies auch nach außen hin seine Macht. Es bildete sich um Österreich als Mittelpunkt herum eine „**heilige Allianz**" der europäischen Mächte, ein Versuch zu einem ewigen Friedensreich, in welchem alle Streitfragen durch freundschaftliche Kongresse, nicht mehr durch Kriege entschieden werden sollten. Nach denselben Grundsätzen sollte der „**Deutsche Bund**" unter dem Vorsitz Österreichs die ehemaligen Länder des „heiligen römischen Reiches deutscher Nation" zusammenfassen. Von diesen Plänen hatten wohl nicht alle die wünschenswerte Dauer. Die heilige Allianz der europäischen Mächte zerging mit dem Krimkrieg (1854) und der Deutsche Bund mit dem Krieg des Jahres 1866, um aber bald darauf durch ein

inniges Bündnis ersetzt zu werden, dem auch das neue Italien als
dritte Macht beitrat: so umfaßt denn dieser neue Dreibund wieder
das gesamte Gebiet des ehemaligen Römisch-Deutschen Reiches.

Indessen rauschten im Herbst des Jahres 1814 die Feste des Wiener
Kongresses vorüber. Am 2. Oktober war feierliche Parade auf dem
Glacis vor dem Burgtor. Die Monarchen von Österreich, Rußland,
Preußen und Dänemark wohnten darauf dem Feldgottesdienst bei.
Die Soldaten sangen die bekannte deutsche Singmesse. Einen tiefen
Eindruck machte es auf die Tausende der Anwesenden, daß die Retter
Deutschlands an der Spitze der paradierenden Truppen während der
Wandlung und des Segens ganz in der frommen Haltung knieten,
in welcher sie vor einem Jahre dankbar den Herrn der Völker für
das gelungene Werk auf einem Hügel des Leipziger Schlachtfeldes
priesen. Kein Lüftchen wehte und die tiefste Stille drückte die allge=
meine Andacht aus.

Am 18. Oktober, am größten deutschen Jubeltage, dem Jahrestag
der Schlacht von Leipzig, ertönte die größte und merkwürdigste
der deutschen Glocken, die des Stephansturmes, aus türkischen Ka=
nonen gegossen. Es war ein Fest, wie es noch nie gefeiert worden.
„An 38 marmornen Altären werden dem allerhöchsten Erretter miß=
handelter Völker Dankopfer gebracht. Monarchen, Fürsten und Edle
verschiedener Nationen, nach altdeutscher Sitte zu persönlicher Be=
ratung versammelt, wallen hin zum Opferaltar, geschmückt mit
Friedenskränzen, um den großen Bund für Völkerruhe zu erneuern.
Der Geist der deutschen österreichischen Regierung hat sich durch
eine Verordnung ausgesprochen, welche noch keine deutsche Regierung
zur Stunde aufweisen kann: Der 18. Oktober soll künftig ein
hundertjähriger Feiertag in den kaiserlich österreichi=
schen Staaten sein. Verdient dieses große Beispiel (sagt der
Chronist) von einem Reiche, das immer selbständig war, nicht Nach=
ahmung von den Staaten, deren Selbständigkeit die ewig denkwürdige
Leipziger Schlacht bewirkte?"

Am 25. November wurde dem romantischen Geist der Zeit gemäß
ein Ritterturnier aufgeführt. Am 29. November gab Beethoven in
Gegenwart aller fremden Monarchen im Redoutensaale seine Schlacht=

Der Wiener Kongreß. Zeichnung von Isabey.

Metternich steht mit rednerisch erhobener Rechten, die ganze Gruppe der Diplomaten beherrschend, links vor der offenen Tür. Seiner Gestalt hält das Bildnis des Kaisers Franz an der Wand rechts das künstlerische Gleichgewicht. Isabey hat die sorgfältige Zeichnung in Wien selbst ausgeführt. Godefroy hat sie gestochen.

symphonie und die neue Festkantate „Der glorreiche Augenblick". Der lauteste Beifall übertönte die Musik bei den Strophen zur Ehre Wiens:

Was nur die Erde Hoh' und Hehres hat,
In meinen Mauern hat es sich versammelt.
Der Busen pocht, die Zunge stammelt.
Europa bin ich, nicht mehr eine Stadt. —

Kein Aug' ist da,
Das seinem Fürsten nicht begegnet.
Kein Herz ist nah,
Das nicht sein Landesvater segnet.

Am 21. Januar 1815 wurde im Stephansdom ein feierliches Requiem für Ludwig XVI. abgehalten; die Musik war von Neukomm, einem Schüler Haydns. Am nächsten Tag war glänzende Schlittenfahrt durch die Stadt nach Schönbrunn.

Da traf am 7. März 1815 in Wien die staunenerregende Nachricht ein, Napoleon habe am 26. Februar die ihm als Aufenthaltsort angewiesene Insel Elba mit Soldaten, Geschütz und Munition verlassen. Man wußte zuerst noch nicht, wohin er sich wenden wolle. Sogleich erklärten die auf dem Wiener Kongreß versammelten Mächte den treubrüchigen Bonaparte in die Acht; er habe sich selber außerhalb des Gesetzes gestellt. Man beschloß, 800.000 Mann ausrücken zu lassen gegen den „ewig unruhigen, nur sein Ich liebenden Usurpator mit seinem Gefolge, das Tyrannenketten schmiedet". Wieder ertönten Kriegslieder. So sang der Wiener Balevender:

Aufs neue heißt es: in die Schlacht!
Dem alten Feind entgegen!
Gott, der die Seinen stets bewacht,
Verleih' euch seinen Segen!
Erringet euch nun neuen Glanz,
Erringt euch neue Ehre;
Ihr fechtet ja mit Kaiser Franz
Und dem verbundnen Heere.
Der ganze große Fürstenbund
Zerbrach schon Deutschlands Ketten;

Beeidet hat es neu ihr Mund,
Europa neu zu retten.
Soldaten, auf in voller Macht,
Die Sache ganz zu schlichten!
Euch ziert das Kreuz von Leipzigs
für die erfüllten Pflichten. [Schlacht
Für Gott, Religion und Staat
Und für der Menschheit Rechte,
Rächt jede frevelhafte Tat
Im blutigen Gefechte!

Am 16. März stellte ein großer Kriegsrat zu Wien den gemeinsamen Kriegsplan der verbündeten Mächte fest. Der Eifer der Soldaten war größer als je, weil jeder wohl einsah, daß von diesem letzten Stück blutiger Arbeit einzig dauernde Ruhe und Freiheit abhing. Die verbündeten Monarchen waren bereit, selber wieder ins

Abschied des Landwehrmannes. Gemälde von P. Krafft.
Aus dem Verlage J. Löwy.

Feld zu ziehen. Österreich richtete seine Hauptmacht gegen Italien, weil man dort die Hauptentscheidung erwartete. In der Tat machten die österreichischen Truppen den dortigen Bewegungen zu Napoleons Gunsten ein rasches Ende. Fürst Schwarzenberg wurde wieder Generalissimus. Da Napoleon die Lage übersah, gedachte er durch Schnelligkeit die einzelnen noch nicht vereinigten Scharen anzugreifen und zu zersprengen. Er warf sich daher zuerst auf die Preußen und auf die Engländer, die in Belgien aufgestellt waren. Aber auch dieser Versuch mißlang. Napoleon wurde in der Schlacht bei Waterloo geschlagen und mußte Paris zum zweitenmal aufgeben. Schwarzenberg zog mit den Österreichern und den Verbündeten zum zweitenmal in Paris

Heimkehr des Landwehrmannes. Gemälde von P. Krafft.
Aus dem Verlage J. Löwy.

ein. So war die zweimalige Eroberung Wiens durch die Franzosen völlig gerächt. Auch die Österreicher haben zweimal Paris erobert und sie behielten das letzte Wort. Napoleons Erfolge waren nur vorübergehend, Österreichs Erfolge waren endgültig.

Diese großen Erfolge waren das Verdienst des österreichischen Volkes in allen seinen Ständen. Wir haben ja gehört, wie das ganze Volk seinen Willen, seine Stimmung aus ganzem Herzen kundgab, nicht nur in Liedern und Gesängen, sondern in schier unglaublichen Opfern an Gut und Geld, an Leben und Blut. Diese Jahre waren nicht nur eine Blütezeit der politischen Entwicklung, der patriotischen Begeisterung, des Heldentums und Schlachtenruhms, sondern auch eine Blütezeit der österreichischen, der Wiener Kultur. Was damals zu Wien in Poesie und Musik, in Kunst und in wissenschaftlichem Streben geleistet wurde, das ist nicht nur allem andern Gleichzeitigen, bei anderen Völkern gleichwertig, sondern es übertrifft alles andere an Einheitlichkeit, an Innerlichkeit, an Volkstümlichkeit, an Echtheit. Es bildet in seiner Gesamtheit jenen unvergleichlichen Inbegriff Wiener Kultur, der sich kurz darauf in der Formel ausprägte: „Es gibt nur eine Kaiserstadt, es gibt nur ein Wien." Diese einzigartige Wiener Kultur kommt ebenso in den Symphonien Beethovens und Haydns, in den musikalischen Dramen Glucks und Mozarts, in den Liedern Schuberts zum Ausdruck, wie in den Dichtungen Collins, der Karoline Pichler und des eben erwachsenden Grillparzer, vor allem aber im Wiener Leben, im Wiener Gemüt, zu dem das Wiener Stadtbild mit seinen Gassen und Plätzen, mit seinen alten Kirchen und Palästen den lauschigen und prunkvollen Rahmen bietet.

Ja, die Befreiungskämpfe haben gezeigt, daß Wien, daß Österreich Wesen von unzerstörbarer Lebenskraft, von eigenem Wert sind, daß sie von der Vorsehung eine große Aufgabe, eine vorbildliche Sendung erhalten haben, daß ihr Dasein und Wirken ihnen selber zum Ruhme, der ganzen Welt zum Nutzen und zum Vorteil gereicht.

Das mag zum Schluß an einer Übersicht über die weiteren Schicksale unseres Vaterlandes und unserer Mutterstadt gezeigt werden. Denn die Geschicke Österreichs und Wiens in diesem letzten Jahrhundert von 1818 bis 1915 sind die Folgen der Befreiungskriege.

Unter Österreichs Vorsitz war in den nachfolgenden Jahrzehnten Europa ein großes, wohlgeordnetes Friedensreich. Man hatte sich, nachdem der Friedensstörer Napoleon niedergerungen war, gegenseitig das feierliche Versprechen gegeben, daß von nun an alle Fragen der Politik nicht mehr durch Kriege, sondern durch freundschaftliche Kongresse entschieden werden sollten. Solche Kongresse fanden denn auch als Fortsetzungen des großen Wiener Kongresses in den nächsten Jahren mit guten Erfolgen für den Frieden statt: so im Jahr 1818 zu Aachen, 1819 zu Karlsbad, 1820 zu Troppau, 1821 zu Laibach, 1822 zu Verona und so weiter. Es ist die Zeit, da in Österreich eine klassische Kunst und Literatur blühte, da Grillparzer und Raimund ihre Meisterwerke schufen, ein Dichterpaar, das sich würdig dem Weimarer Dichterpaar Goethe und Schiller an die Seite stellt. Es war die Zeit, da Beethoven und Schubert in genialster Weise die tiefsten Schönheiten der Musik entdeckten und offenbarten, ein Tonkünstlerpaar, dem die Zeit nichts Gleiches zur Seite stellen konnte. Und auch die bildende Kunst stand in ihren Wiener Meistern auf unbestrittener Höhe.

Metternich, der im Jahr 1813 so lebensvoll den Befreiungskampf geleitet hatte, war alt geworden. An Stelle des besonnenen Kaisers Franz war seit 1835 sein Sohn Ferdinand getreten, mit Recht „der Gütige" genannt, aber kränklich und von den Parteien in verschiedenem Sinn bestürmt. Man hatte dem österreichischen Volk im Jahr 1815 eine Verfassung versprochen. Metternich hatte damit die Ausbildung der seit ältesten Zeiten bestehenden Landesverfassungen gemeint mit ihren Landtagen. Andere Geister wünschten ein Zentralparlament im Sinn der englischen, der französischen Verfassung. Aber das machte für Österreich große Schwierigkeiten, da Ungarn und auch andere Länder auf ihrer althergebrachten Selbständigkeit bestanden. Die Lösung dieser Schwierigkeiten bildet den Hauptinhalt der inneren Politik Österreichs seit der Märzrevolution des Jahres 1848 bis auf den heutigen Tag. Es ist aber kein Grund vorhanden, wegen dieser Schwierigkeiten an der Lösung der österreichischen Staatsfragen zu zweifeln. Österreich hat eben eine ganz andere Natur als alle andern Staaten und kann nicht nach fremdem Muster behandelt werden. Österreich ist der einzige Großstaat auf der Erde, der seit Jahrhunderten die Aufgabe hat, verschiedenartige, verschiedensprachige Völker unter einer zusammenfassenden Rechtsform zu vereinigen. Diese österreichische Aufgabe ist vorbildlich für die zukünftige Entwicklung der ganzen Welt. Es ist Österreichs Aufgabe, der ganzen Welt zu zeigen, wie die Lösung möglich ist, so daß sich einst die Völker der ganzen Erde in gleicher Rechtseinheit vereinigen können, wie das jetzt die Völker Österreichs zu erreichen haben. Dies kann nicht durch eine kurze Formel, nicht von heute auf morgen geleistet werden; es ist eine Arbeit von Menschenaltern. Was Österreich im kleinen anstrebt, das hat die ganze Welt im großen zu erreichen: das ist der Sinn des alten A E I O U: Austria Erit In Orbe Ultima. Das heißt: in Österreich wird die vorbildliche Arbeit für die Zukunft des Menschengeschlechtes geleistet. Auf diese Weise wird sich einst auch noch die Idee der heiligen Allianz der Völker und Reiche verwirklichen, die eine Folge der Befreiungskriege war.

Nach vielen Versuchen, den Deutschen Bund zu erneuern, nach dem schönen Plan Österreichs, mit seinen gesamten Ländern in den Bund einzutreten, ergab sich durch den Gang der Ereignisse seit 1866 die Notwendigkeit, aus dem ehemaligen großen Deutschen Reich zwei deutsche Kaiserreiche erstehen zu lassen: das neue Deutsche Reich mit dem König von Preußen als dem erblichen Deutschen Kaiser und das alte österreichische Kaiserreich, nun „Österreich-Ungarn" genannt. Und diese beiden Reiche sind seit 1879 in ein Bündnis getreten, das, wie es ausdrücklich in den Worten desselben heißt, eine Fortsetzung des früheren Deutschen Bundes bedeuten soll. Diese Entwicklung beweist den Reichtum und die Fruchtbarkeit der alten deutschen Reichsidee: im Dreibund (Österreich, Deutschland und Italien) ist die ganze Macht des Reiches der Hohenstaufen wieder zusammengefaßt, aber in der neuen Form des Staatenbundes, vorbedeutend für alle Zukunft.

Österreich hat auch seine bereits in seinem Namen liegende Aufgabe ergriffen: es ist ein Reich, mit dem Antlitz gegen Osten gekehrt. Die Lösung der sogenannten orientalischen Frage ist seit den Kreuzzügen, seit Prinz Eugen auch eine Sache Österreichs. Im Berliner Kongreß 1878 wurde Österreich mit der Aufgabe betraut, das von den Türken tyrannisierte Bosnien und die Hercegovina zu besetzen. Diese Besetzung ging im Jahre 1908 durch eine denkwürdige Entscheidung unseres Kaisers Franz Josef I. über in eine endgültige Angliederung dieser Provinzen an das österreichisch-ungarische Reich. Eine bedeutsame, zukunftsreiche Wendung!

Nachwort.

Dies ist es, was ich vom höchsten Ruhme Vindobonas und Austrias euch mitteilen will. Freilich, was ich hier wiedergebe, erscheint mir nur wie ein matter Nachhall des wirklich Geschehenen. Das klingt wie Poesie und Musik, wie ein ungeheures göttliches und menschliches Schauspiel, wie ein vieltöniger Heldengesang, wie eine heroische Symphonie, in der alle Schutzgeister und Engel der Heimat, alles Himmlische und Irdische lebendig wird; es erweckt im Hörer ein farbenreiches Bild von Kriegs- und Friedenstaten, eine Walhalla heimischen Ruhmes, einen bis in die Wolken ragenden Ruhmestempel voll von alle dem, was Wien, was Österreich in Wahrheit und im Geiste ist und bedeutet. Voll von diesem unnennbaren Hochgefühl, vom Bewußtsein der größten österreichischen Heldentaten, wende ich mich an euch, entschlossen, euch, meine jungen Freunde, davon zu künden, euch mit dem gleichen stolzen Selbstbewußtsein des Österreichers, des Wieners zu erfüllen. Denn Österreichs und Wiens Ehre und Würde ist so vollkommen, daß ihr auch das Beste nicht mangeln darf: das Selbstgefühl der Österreicher, der Wiener. Groß und zukunftsreich sind Österreichs, sind Wiens Aufgaben. Aber nur unsere fortdauernde, zielbewußte und zielsichere Arbeit kann diese Aufgaben vollenden. Es gilt das fortzusetzen, was unsere Ahnen vor einem Jahrhundert Großes geleistet haben. Unsere Arbeit ist nach solcher Vorarbeit verhältnismäßig leicht. Der Weg ist gewiesen. Die Freiheit, die Selbständigkeit ist errungen. Es gilt, unserer Vorfahren würdig zu sein und nicht kleiner zu handeln als sie.

Wer weiß, ob uns die Vorsehung nicht ebenso wie unsern Vätern Aufgaben zuweist, in denen wir unsern eigenen Mut, unsere Treue, unsere Festigkeit zu erproben haben. Auch uns wird ebensowenig wie unsern Vätern vom Geschick etwas ohne Verdienst zugewiesen. Auch wir müssen uns Selbständigkeit, Freiheit, Ansehen, Leben, Wohlstand erkaufen und erkämpfen. Wien und Österreich haben die größte Zukunft, die größten Aufgaben, die höchste Sendung. Aber nicht von selbst werden uns die reifen Früchte in den Schoß fallen. Nur schweißvolle Arbeit, nur gefahrvolles Ringen kann uns unseren Zielen näher bringen. Für ein Volk, ein Reich, eine Stadt handelt es sich immer um Dasein oder Vernichtung, um Sieg oder Fall. Das ist das Wesen der Weltgeschichte, das ist der Sinn des Lebens. Das ist die Lehre, die wir von der ruhmvollen Vergangenheit empfangen. Es gilt immerfort, unsere Kräfte aufs höchste anzuspannen, um nicht alles zu verlieren. Wohlauf, mein Wien, mein Österreich! Heut wie vor hundert Jahren sind uns die höchsten Siegeskränze als Lohn der höchsten Mühen vom Geschick zum Preis gestellt. Es liegt nur an unsern heldenhaften Entschlüssen, im Kreise der Völker und Städte die hohe Stelle einzunehmen, die uns die Vorsehung angewiesen hat.

Gemeinderats-Ausschuß

zur Vorberatung und Durchführung der Jahrhundertfeier der Befreiungskämpfe des Jahres 1813.

(Gemeinderatsbeschluß vom 10. Mai 1912,
Pr. Z. 7117.)

Präsidium:

Bürgermeister Exzellenz Dr. Richard Weiskirchner,
I. Vize-Bürgermeister Dr. Josef Porzer,
II. Vize-Bürgermeister Heinrich Hierhammer,
III. Vize-Bürgermeister Franz Hoß.

Obmann:

Gemeinderat Leopold Tomola.

Mitglieder:

Die Gemeinderäte: Hans Angeli, Karl Angermayer, Alfons Benda, Leopold Brauneiß, Alois Eder, Max R. v. Findenigg, Sebastian Grünbeck, Adolf Gussenbauer, Johann Heindl, Johann Huschauer, Friedrich Koppensteiner, Karl May, Georg Philp, Johann Pichler, Kasimir Reisinger, Josef Schelz, Leopold Schmidt, Karl Schreiner, Hans Arnold Schwer, Rudolf Solterer, Franz Stangelberger, Karl Vaugoin, Eduard Wagner, Josef Wolny.

Beigeordnete städtische Beamte:

Vorstand des Präsidialbureaus und Magistratsrat Josef Formanek, Magistratsrat Dr. Anton Loderer, Magistratssekretär Hans Böttger, Magistrats-Oberkommissär Dr. Adolf Wanschura, Direktor der städtischen Sammlungen Eugen Johann Probst, Kustos Dr. Wilhelm Englmann.

Die Theodor-Körner-Feier
vor dem ehemaligen Wohnhaus des Dichters

am 16. März 1915 hat die Reihe der Festlichkeiten dieses Jubeljahres eröffnet. Stadtrat Leopold Tomola sagte in der Festrede: „Wir, die Vertreter Wiens, stehen heute hier, um Zeugnis abzulegen, daß wir die Entstehung der Liebe zum Vaterland und zum deutschen Volk in den Herzen der Jugend für des Dichters kostbarstes Vermächtnis an die Nachwelt halten und daß wir niemals erlahmen wollen, solche Tugenden in den Herzen der Kinder Wiens zu entzünden." Vizebürgermeister Dr. Porzer schloß seine Rede mit den Worten: „Wie vor 100 Jahren so ist auch heuer die Kriegsfackel in Europa entfacht. Aber welcher Gegensatz! Während damals Österreich genötigt war, mit eiserner Faust einzugreifen, genießen wir heute dank der Fürsorge unseres erhabenen Kaisers den Frieden."